GONGLU GONGCHENG PING'AN GONGDI JIANSHE
PEIXUN JIAOCAI (DONGMANBAN)
SHIGONG FENCE

公路工程平安工地建设培训教材（动漫版）

施工 分册

广东省交通集团有限公司 编

人民交通出版社股份有限公司
China Communications Press Co.,Ltd.

图书在版编目(CIP)数据

公路工程平安工地建设培训教材 : 动漫版. 施工分册 / 广东省交通集团有限公司编. — 北京 : 人民交通出版社股份有限公司，2015.4
ISBN 978-7-114-12072-5

Ⅰ. ①公… Ⅱ. ①广… Ⅲ. ①道路工程—施工监理—安全管理—技术培训—教材 Ⅳ. ①U415.12

中国版本图书馆CIP数据核字（2015）第032256号

书　　名： 公路工程平安工地建设培训教材（动漫版）
施工　分册
著 作 者： 广东省交通集团有限公司
责任编辑： 韩亚楠　崔　建　李　娜
出版发行： 人民交通出版社股份有限公司
地　　址：（100011）北京市朝阳区安定门外外馆斜街 3 号
网　　址： http：//www.ccpress.com.cn
销售电话：（010）59757973
总 销 售： 人民交通出版社股份有限公司发行部
经　　销： 各地新华书店
印　　刷： 北京市密东印刷有限公司
开　　本： 880×1230　1/32
印　　张： 4.5
字　　数： 110千
版　　次： 2015 年 4 月　第 1 版
印　　次： 2015 年 4 月　第 1 次印刷
书　　号： ISBN 978-7-114-12072-5
定　　价： 195.00元（含光盘）

《公路工程平安工地建设培训教材（动漫版）》

编委会名单

前言

为切实加强公路建设工程安全生产工作，牢固树立“以人为本、安全发展”的科学理念，广东省交通集团有限公司结合“平安工地”建设的相关要求组织编写《公路工程平安工地建设培训教材（动漫版）》。

本教材用浅显易懂的语言和形象生动的漫画，介绍公路建设过程中最基础的安全知识和作业要点。本教材分为建设与监理分册和施工分册，共31章。本书编写立足项目管理，着眼施工现场和一线作业人员人身安全，突出难点问题；力求实现有关安全法律法规、行业标准在平安工地建设中的具体化，安全生产管理制度建设的系统化，公路工程安全生产的标准化。

本书从策划到编纂完成，凝聚了广东省建设者与安全管理者的智慧和心血，编委会以实地调研、组织座谈、专家审查等形式，广泛吸取建设、施工、监理等单位专家的意见与建议，并组织了一线作业人员进行试读。在此谨向给予编写出版工作大力支持的相关人士表示由衷的感谢。

希望本书能在为公路工程建设者自身安全意识、管理水平与安全技术水平的提升中发挥积极作用。期待广大读者，特别是一线工作人员对本书提出宝贵建议。

编　者

2014年12月6日

目录

1 安全制度体系

2 安全责任

3 施工组织设计、专项方案和临时用电方案

4 劳务用工登记与安全教育培训

5 安全检查及隐患排查治理

18 路基工程

19 路面工程

20 桥梁工程

21 隧道工程

1 安全制度体系

安全生产制度是安全生产管理的基础，是国家法律法规在企业的延续和细化，是企业对安全生产管理的依据和保障，因此制度的建设对安全生产管理工作十分重要。

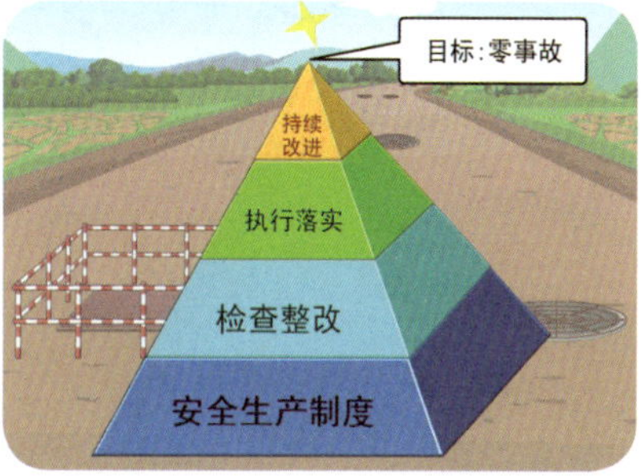

安全生产制度是安全生产管理的基础

对于公路工程“平安工地”的安全生产制度的建设，施工单位必须建立包括但不限于以下标准的制度。

安全生产制度是法律法规的延续和细化

安全生产制度是安全生产管理的依据和保障

公路工程“平安工地”安全生产制度的建设

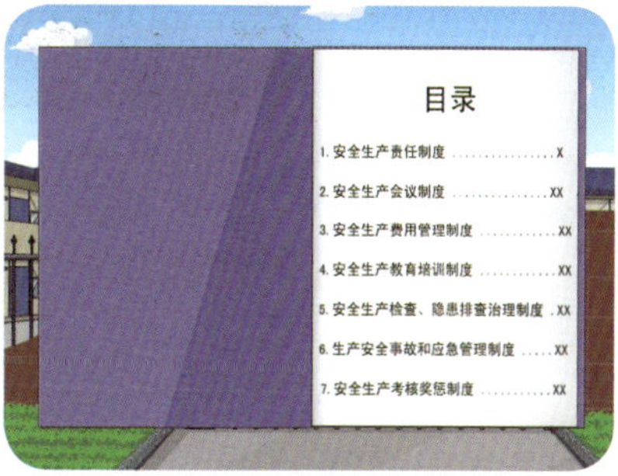

必须建立的相关制度

1.1　安全生产责任制度

安全生产责任制度是施工单位各项安全生产规章制度的核心，应按照“一岗双责”要求，明确主要负责人、分管负责人、安全管理人员、工区、班组、岗位负责人及其他岗位和从业人员的安全生产责任。

安全生产责任制度是安全生产规章制度的核心

按照“一岗双责”要求

明确所有从业人员安全责任

1.2　安全生产会议制度

安全生产会议制度是施工单位为加强项目安全生产管理工作，及时掌握各时期的安全生产情况，协调和处理项目建设过程中存在的安全问题，制定安全生产工作计划而建立的相关制度。

加强安全生产管理工作

及时掌握安全情况，协调和处理过程中的安全问题

安全生产会议制度应明确安全生产专题会议、调度会议、交接班前后安全生产分析会议的范围、内容、频率和要求。

应明确专题会议、调度会议

明确交接班前后分析会议的范围、内容、频率和要求

1.3 安全生产费用管理制度

安全生产费用管理制度是施工单位为确保项目建设过程中安全生产费用足额提取、规范使用而制定的制度。

安全费用按照“企业提取、政府监管、确保需要、规范使用”的原则进行财务管理。

确保安全生产费用足额提取

确保安全生产费用规范使用

按照“企业提取、政府监管、确保需要”等原则进行财务管理

安全生产费用管理制度要明确安全生产费用的使用范围及其费用计划、提取、计量、支付和使用检查。

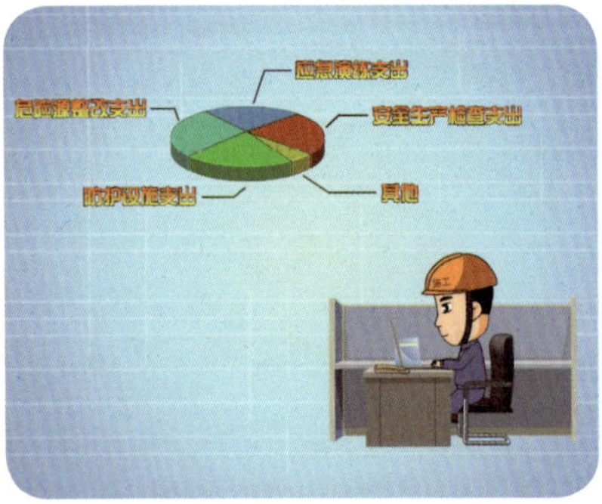

明确安全生产费用的使用范围

明确费用计划、提取、计量、支付和使用检查

1.4 安全生产教育培训制度

安全生产教育培训制度是施工单位为提高全员安全责任、安全意识、安全技能，增强事故应急处置能力，保护员工生命安全与健康而制定的制度。

提高全员安全责任、安全意识、安全技能

增强事故应急处置能力

保护员工生命安全与健康

安全生产教育培训制度要明确施工单位主要负责人、分管负责人、安全管理人员、工区和班组负责人、关键岗位从业人员、现场一线人员的安全教育的内容、时间、频率和要求。

明确项目安全责任人、管理人员和施工作业人员培训

1.5 安全生产检查制度

消除违反法律、法规、标准、规程的规定

安全生产检查制度是为消除违反安全生产法律、法规、规章、标准、规程和安全生产管理制度的规定，或者因其他因素在生产经营活动中存在可能导致事故发生的物的危险状态、人的不安全行为和管理上的缺陷等安全隐患而制定的制度。

消除违反安全生产管理制度的规定

消除可能导致事故发生的物的危险状态

消除可能导致事故发生的人的不安全行为

消除可能导致事故发生的管理上的缺陷

安全生产检查制度要求建立单位、项目现场和班组三个层级的安全生产检查制度，明确检查的内容、组织、方法和组织形式。

建立三个层级的安全生产检查制度

明确检查的内容、组织、方法和形式

1.6 安全奖惩办法和责任追究制度

安全奖惩是指对生产经营单位人员在安全生产方面依法进行奖励或惩罚，以强化人事行政的制度，包括实行奖惩的原则、条件、种类、方式、程序、手续，以及行使奖惩权限的机关等内容。

奖励，是指对成绩优秀的人员，给予精神和物质的嘉奖，以激励全体成员。惩罚，是指对工作不力或犯有过失、违反纪律的人员进行的处罚。奖励与惩处具有激励与控制的双重功能，两者相辅相成，结合使用。

安全奖惩指对施工人员在安全方面依法进行奖励或惩罚

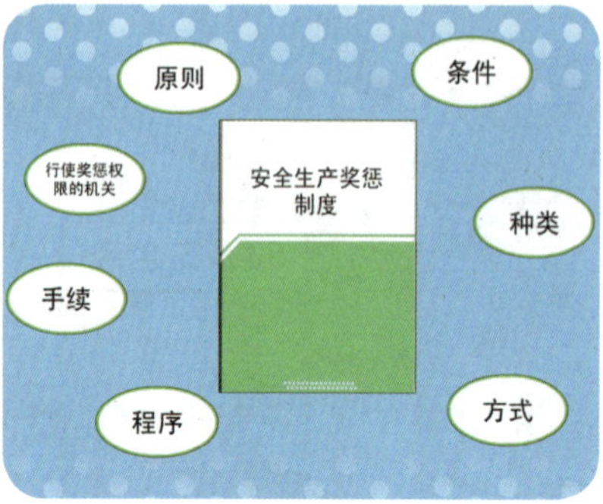

安全奖惩包括奖惩的原则、条件、种类等内容

对优秀的人员,给予精神和物质的嘉奖

对工作不力或犯有过失、违反纪律的人员进行处罚

具有激励与控制的双重功能，相辅相成，结合使用

责任追究是指生产经营单位、生产经营单位主要负责人及其他有关

责任人员对发生的安全生产事故或者其他安全生产违法行为，应当承担行政责任、民事责任和刑事责任。

有关人员安全事故或者其他违法行为
应当承担行政责任、民事责任和刑事责任

安全奖惩办法和责任追究制度要明确具体。

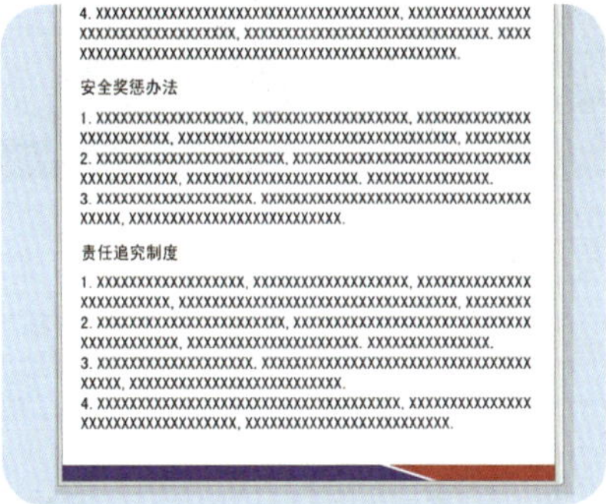

制度要明确具体

1.7　生产岗位安全标准化操作制度

安全标准化通过建立安全生产责任制，制定安全管理制度和操作规程，排查治理隐患和监控重大危险源，建立预防机制，规范生产行为，使各生产环节符合有关安全生产法律法规和标准规范的要求，人、机、物、环境处于良好的生产状态，并持续改进，不断加强企业安全生产规范化建设。

要制定各生产岗位的安全标准化操作规程等。

制定安全管理制度和操作规程

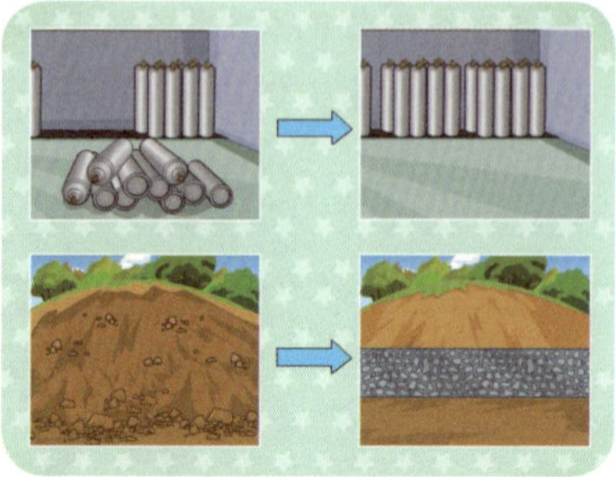
排查治理隐患、监控重大危险源

人、机、物、环境处于良好状态

要制定各生产岗位的安全标准化操作规程

1.8 隐患排查治理制度

消除违反安全生产法律、法规、规章、标准、规程的规定

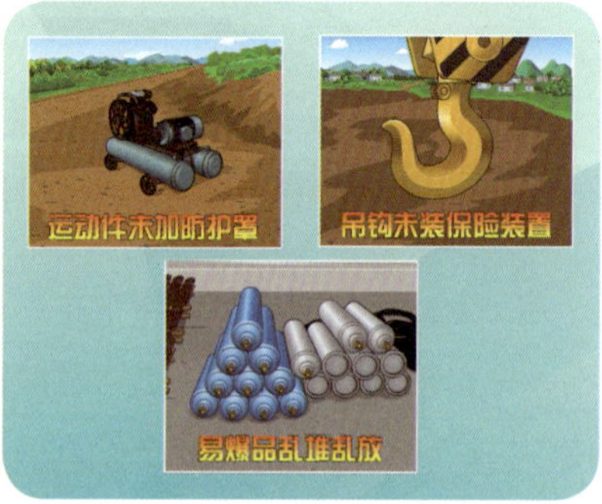

消除可能导致事故发生的物的危险状态

隐患排查治理制度是为消除违反安全生产法律、法规、规章、标

准、规程和安全生产管理制度的规定，或者因其他因素在生产经营活动中存在可能导致事故发生的物的危险状态、人的不安全行为和管理上的缺陷等安全隐患而制定的制度。

消除可能导致事故发生的人的不安全行为

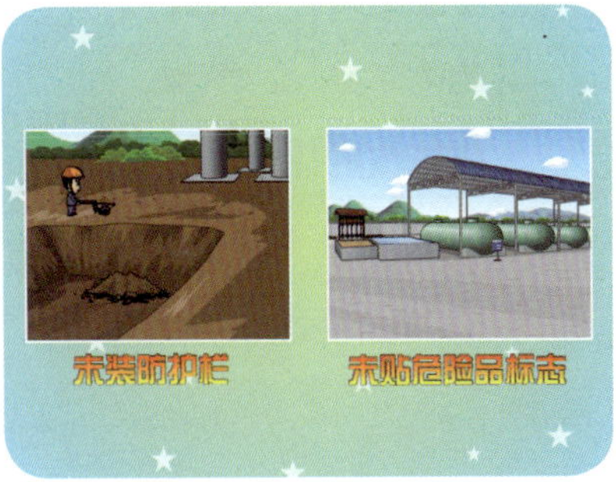

消除可能导致事故发生的管理上的缺陷

施工单位要建立单位、项目现场和班组三个层级的隐患排查治理制度，明确隐患排查治理的频率、形式、措施及要求。

建立三个层级的隐患排查治理制度

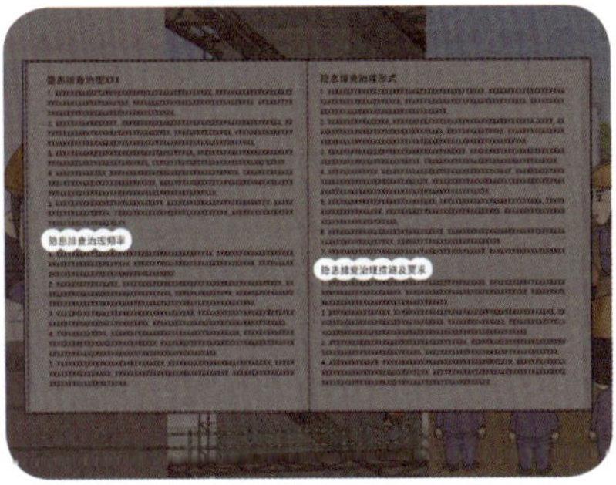
明确隐患排查治理的频率、形式、措施及要求

1.9 危险源辨识评价和监控管理制度

危险源辨识评价和监控管理制度是为了识别施工活动中的危害因素，评价危害事件的风险程度，准确辨识施工过程中的危险源，最大限度地降低风险级别和财产损失，并对其进行风险评价，以便采取合理、有效的监控措施，而制定的管理制度。

识别施工中的危害因素

辨识危险源

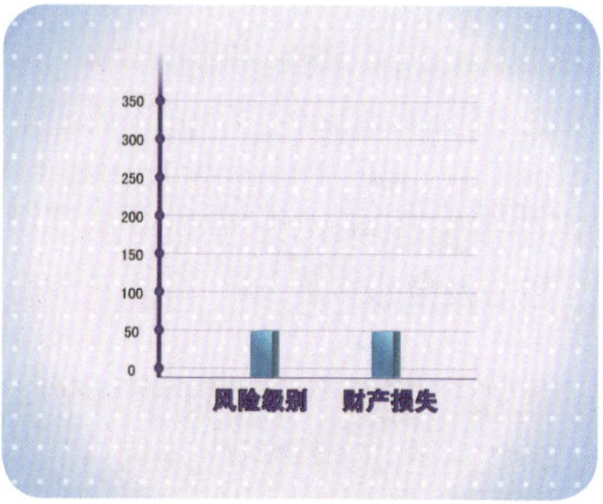

最大限度地降低风险级别和财产损失

采取合理、有效的监控措施

施工单位要结合公路桥梁和隧道工程施工阶段安全生产风险评估制度等要求，建立有针对性的危险源辨识、评价和监控管理制度。

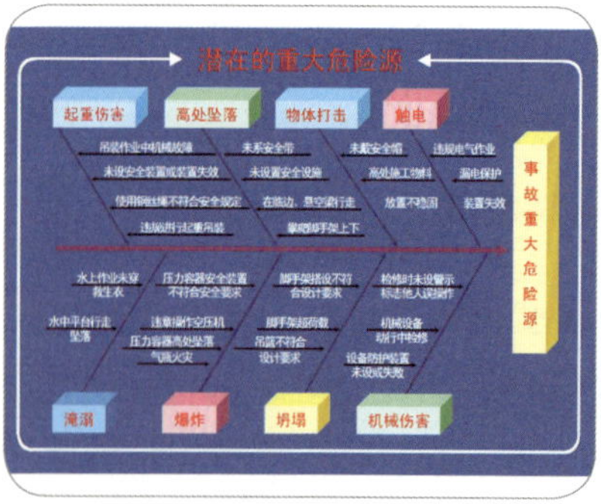

危险源辨识

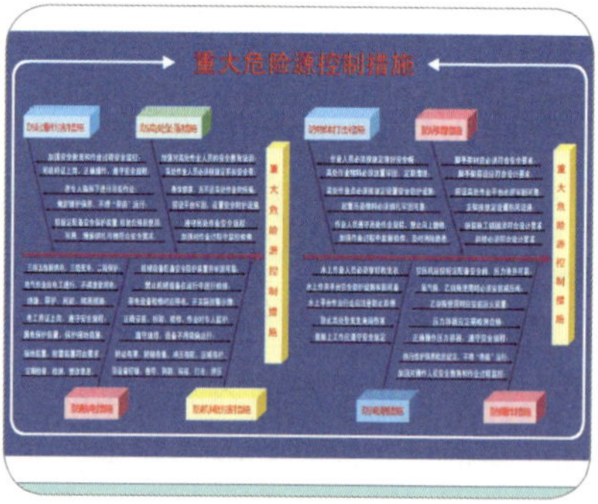

评价和监控

1.10 劳动防护用品配备和管理制度

劳动防护用品是保证人身安全与健康所必备的一种防御性装备，对于减少职业危害起着相当重要的作用。

施工单位要建立各岗位、各工种的劳动防护用品配备和管理制度。

保证人身安全与健康所必备的防御性装备

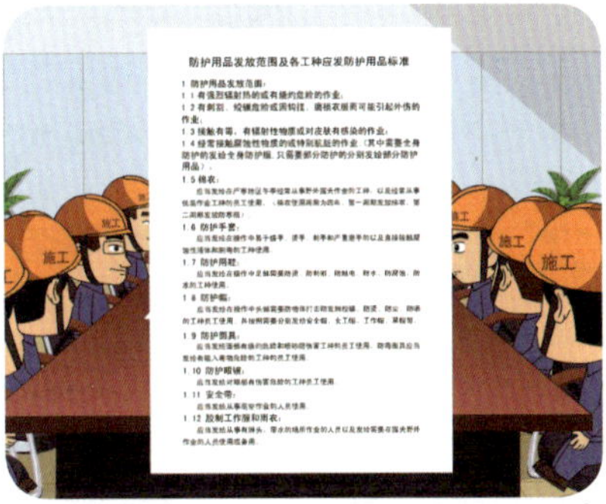

建立劳动防护用品配备和管理制度

1.11 设备设施管理制度

设备设施主要包括消防、防尘、防毒、防噪声、通风、降温等设施和涉及生命安全、危险性较大的压力容器、施工电梯、起重机械等特种设备。

消防、防尘、防毒、防噪声等设施

涉及生命安全、危险性较大的特种设备

施工单位要建立设备设施管理制度，明确设备设施的管理和检修、维护等要求。

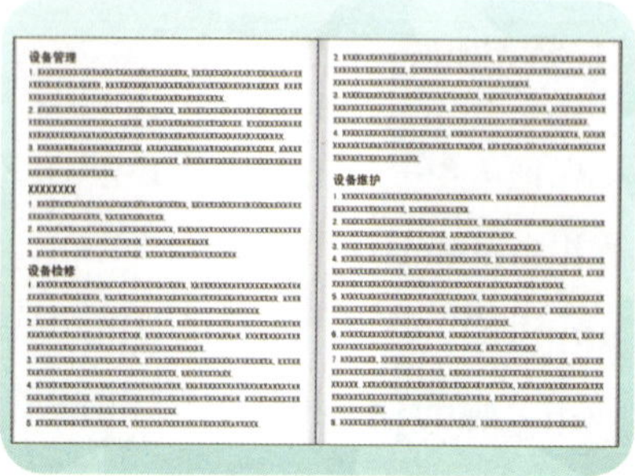

明确设备设施的管理和检修、维护等要求

1.12 生产安全事故报告和应急救援制度

生产安全事故报告和应急救援制度是指施工单位为规范生产安全事故应急管理，提高处置安全生产事故的能力，最大限度地减少人员伤亡

规范安全事故应急管理，提高处置事故的能力

最大限度地减少人员伤亡

最大限度地减少事故损失

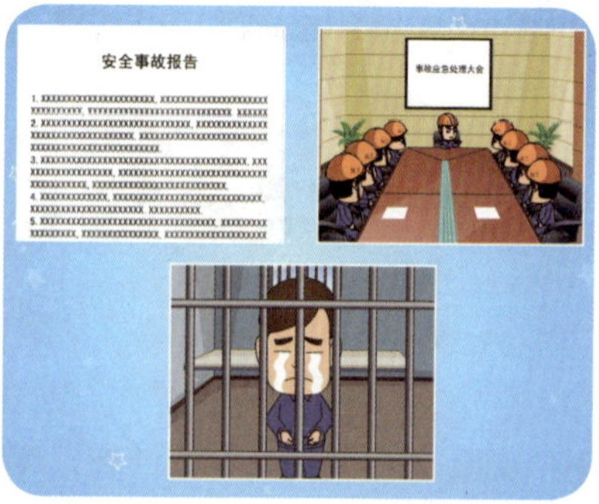

明确事故报告、事故应急、事故处理等

和事故损失，而制定的制度。

生产安全事故报告和应急救援制度要明确事故报告、事故应急、事故处理等具体内容。

1.13 安全生产技术交底制度

安全生产技术交底制度是指公路水运工程的每项工程实施前，施工单位负责项目管理的技术人员对有关安全施工的技术要求向施工作业班组、作业人员详细说明，并由双方签字确认的制度。

向作业班组、人员详细说明

双方签字确认

1.14 应急处置方案

施工单位要针对具体的装置、场所或设施、岗位制定应急处置措施，现场处置方案应根据风险评估及危险性控制措施逐一编制。

针对具体的装置、场所或设施等制定应急处置措施

根据风险评估及危险性控制措施逐一编制现场处置方案

2 安全责任

施工单位必须遵守安全生产法律、法规的规定，保证建设工程安全生产，依法承担建设工程安全生产责任。

施工单位必须遵守法律、法规的规定，保证安全生产

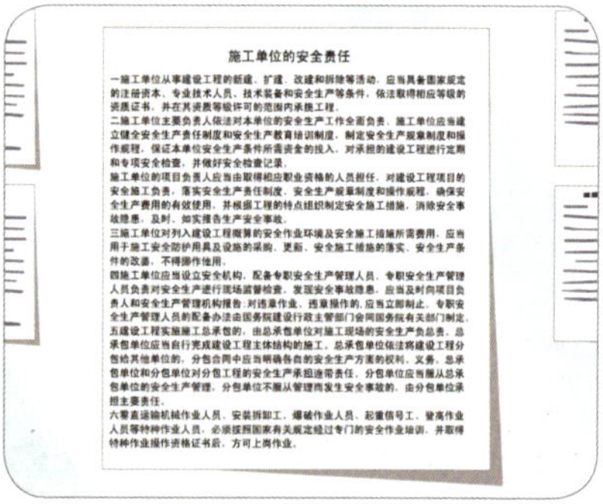

依法承担建设工程安全生产责任

2.1 责任分解

施工单位应全面实行“一岗双责”，建立全员安全生产责任制度，明确本单位安全生产主要负责人、分管负责人、技术负责人、其他业务分管负责人及各职能部门、各层面管理人员、技术人员、现场从业人员安全生产职责，做到每一个岗位安全职责明确，并签订安全生产责任书。

全面实行“一岗双责”，建立全员安全生产责任制度

明确从业人员岗位安全职责，并签订安全生产责任书

2.2　机构设置

设立独立的安全生产管理机构，按照施工现场年度计划工作量，每5000万施工合同额配备1名专职安全管理人员，不足5000万的至少配备1名；专职人员必须具备安全主任任职资格，并有一定比例的路桥专业技术人员。

设立独立的安全生产管理机构

按照年度计划工作量配备专职安全员

安全主任证书和路桥专业证书

2.3　人员配备

50人以上的工区或施工班组必须配备专职的安全管理人员，50人以下的配备兼职的安全管理人员，负责工区、班组日常例行检查，纠正设备、设施的不安全状态和人员的不安全行为，并做好检查记录。

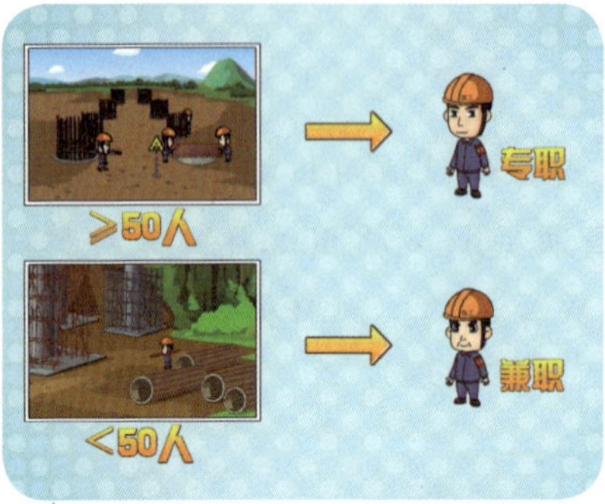

工区或施工班组按规定配备安全员

负责工区、班组日常检查

纠正设备、设施的不安全状态

纠正人员的不安全行为

做好检查记录

3 施工组织设计、专项方案和临时用电方案

3.1 总体（实施性）施工组织设计

总体（实施性）施工组织设计中必须制定有针对性的安全技术措施。

3.2 专项施工方案

施工单位应当在施工组织设计中编制安全技术措施，对下列危险性较大的工程应当编制专项施工方案和专项安全生产技术方案，并附安全验算结果，必要时组织专家评审，经施工单位技术负责人、监理工程师审查同意签字后实施，由专职安全生产管理人员进行现场监督。

在施工组织设计中编制安全技术措施

危险性较大的工程应编制专项施工方案

方案应附安全验算结果

方案必要时组组织专家评审

方案经单位技术负责人、监理工程师审查签字

方案由专职安全生产管理人员进行现场监督

（1）不良地质条件下有潜在危险性的土方、石方开挖。

（2）滑坡和高边坡处理。

不良地质条件下有潜在危险性的土方、石方开挖

滑坡和高边坡处理

（3）桩基础、挡墙基础、深水基础及围堰工程。

（4）桥梁工程中的梁、拱、柱等构件的施工等。

桩基础、挡墙基础、深水基础及围堰工程

桥梁中的梁、拱、柱等构件施工

（5）隧道工程中的不良地质隧道、高瓦斯隧道、水底海底隧道等。

（6）水上工程中的打桩船作业、施工船作业、外海孤岛作业、边通航边施工作业等。

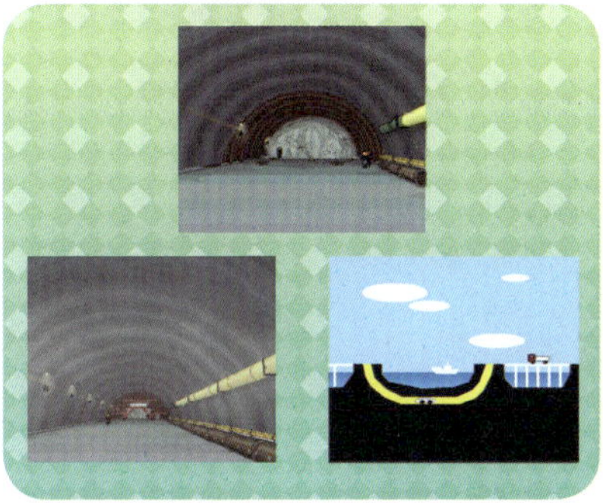

不良地质隧道、高瓦斯隧道、水底海底隧道

打桩船作业、施工船作业、外海孤岛作业、边通航边施工作业等

（7）水下工程中的水下焊接、混凝土浇筑、爆破工程等。

（8）爆破工程。

水下工程中的水下焊接、混凝土浇筑、爆破工程

爆破工程

（9）大型临时工程中的大型支架、模板、便桥的架设与拆除；桥梁、码头的加固与拆除。

（10）跨越国、省道，高速公路、铁路等道路施工交通安全疏导。

（11）桥梁挂篮施工。

（12）其他危险性较大的工程。

大型支架、模板、便桥与码头的架设

跨越国、省道，高速公路等施工交通安全疏导

桥梁挂篮施工

其他危险性较大的工程

3.3 临时用电

按规定编制临时用电方案；建立电工巡视维修保养记录，且记录要连续。

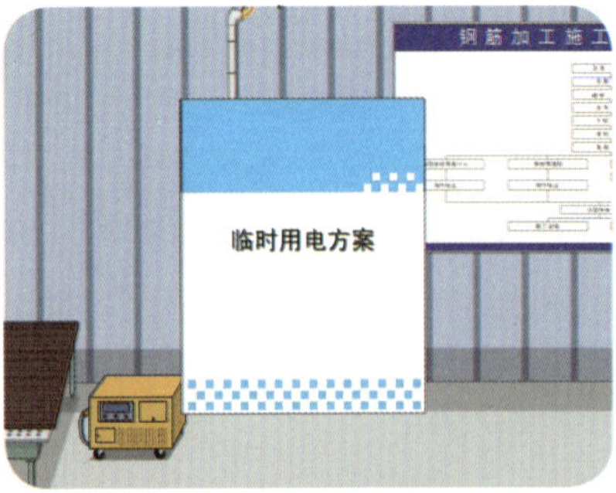

编制临时用电方案

建立电工巡视维修保养记录，记录要连续

3.4 审查程序

所有方案应按程序及时上报，经审查通过后，方可在现场予以实施。

方案应按程序及时上报，审查通过后方可实施

4 劳务用工登记与安全教育培训

4.1 劳务用工档案

健全劳务用工登记手续，建立劳务用工档案，所有进场人员实行实名登记，所有人员按要求购买意外伤害险和工伤保险。

健全用工登记手续，建立劳务用工档案

购买意外伤害险和工伤保险

4.2 安全防护用品

向所有作业人员提供必需的安全防护用具和安全防护服装，建立安全防护用品发放登记台账。

提供必需的安全防护用具和安全防护服装

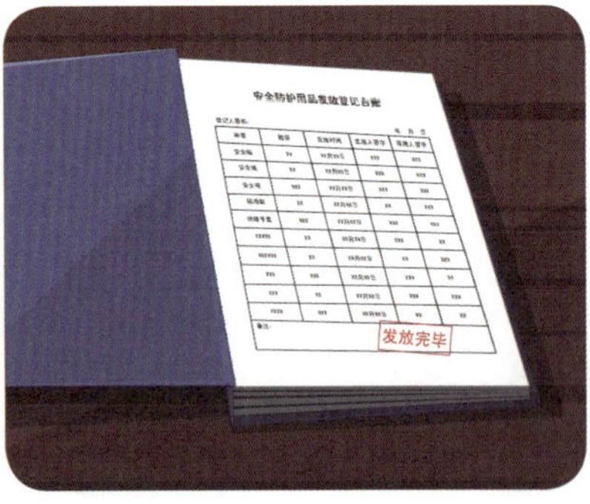

建立安全防护用品发放登记台账

4.3 安全教育

对所有进场人员开展岗前三级教育，转岗、离岗后重新上岗教育和采用新工艺、新技术、新材料和新设备时的培训教育，对管理人员和作业人员每年不得少于2次日常性安全教育培训，并记入个人工作的档案。

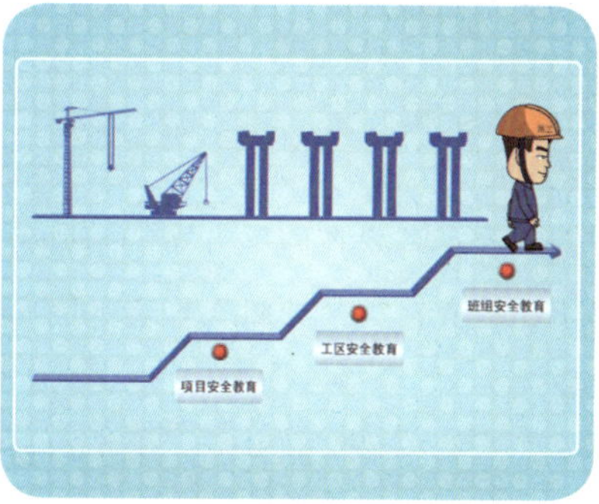

对进场人员开展岗前三级教育

转岗、离岗后重新上岗教育

开展采用“四新”技术的培训教育

所有人员每年不得少于2次日常性教育培训

4.4 技术交底

认真进行层层技术交底，并履行签字手续及保存书面记录。

分部（分项）工程在施工前，施工单位应按批准的施工组织设计或专项安全技术措施方案，向有关人员进行安全技术交底。

进行层层技术交底

安全技术交底主要包括两个方面的内容：一是在施工方案的基础上按照施工的要求，对施工方案进行细化和补充；二是要将操作者的安全注意事项讲清楚，保证作业人员的人身安全。

按施工组织设计进行安全技术交底

按专项方案进行安全技术交底

安全技术交底包含两方面内容

安全技术交底工作完毕后，所有参加交底的人员必须履行签字手续，班组、交底人、资料保管员三方各留执一份，并记录存档。

必须履行签字手续

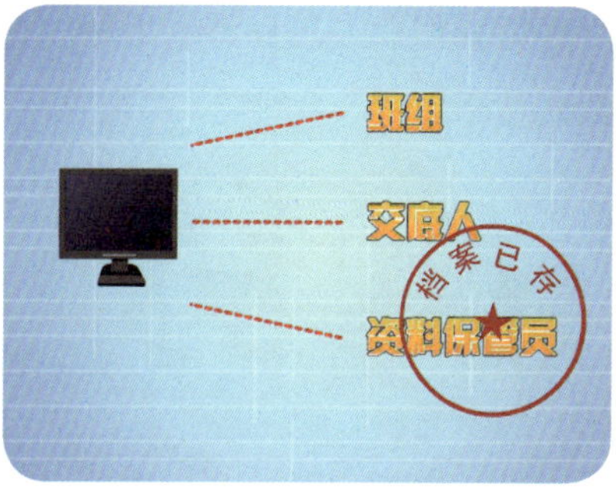

三方各留执一份，并记录存档

4.5　三类人员

“安全生产管理三类人员”和特种作业人员持有效证件上岗，按规定参加继续教育，并办理复审手续。

安全生产管理三类人员

特种作业人员持证上岗

按规定参加继续教育，办理复审手续

4.6 特种作业人员

特种作业人员和特殊工种应持证上岗，施工单位要建立人员花名册，动态记录人员到岗、离岗及其证件的情况。

特种作业人员和特殊工种应持证上岗

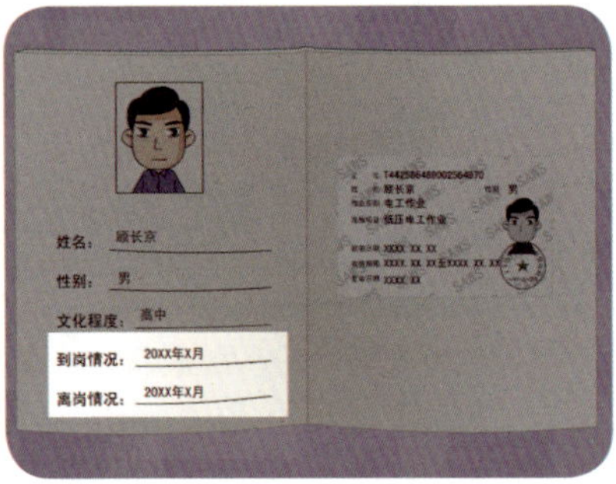

建立人员花名册，动态记录到岗、离岗及证件情况

5 安全检查及隐患排查治理

5.1 危险源管理

对工程危险源进行识别、评价，建立危险源清单，并根据工程进展情况进行有效监控，落实安全技术措施；落实风险告知制度，书面告知作业人员。

对危险源进行识别

根据工程进展进行监控，落实安全技术措施

落实风险告知制度，书面告知作业人员

施工单位在施工准备阶段、施工阶段应分别辨识危险源，确定危险源的等级、类型、范围，建立危险源清单。清单的内容包括危险源存在的场所、可能发生的事故类型、危险程度、预防对策和控制措施、危险源管理责任人等。

在施工准备阶段、施工阶段应分别辨识危险源

确定危险源的等级、类型、范围，建立危险源清单

存在场所、可能发生的事故类型、危险程度

预防对策和控制措施、危险源管理责任人等

5.2 检查及隐患排查

执行安全检查制度，定期检查每月不少于1次，并记录完整；专职安全员安全巡查每日不少于一次，巡查日志应规范、翔实。

定期检查每月不少于1次，并记录完整

专职安全员巡查每日不少于一次

5.3 整改

建立施工安全隐患治理动态台账，事故隐患整改做到定人、定时间、定措施，隐患整改如期到位。

建立安全隐患治理动态台账

隐患整改做到定人、定时间

6 安全费用管理

有安全经费使用计划；有详细的安全经费使用台账，专款专用，严禁挪用；按有关规定及时申请安全经费的计量和支付。

有安全经费使用计划

有详细的安全经费使用台账，专款专用

严禁挪用

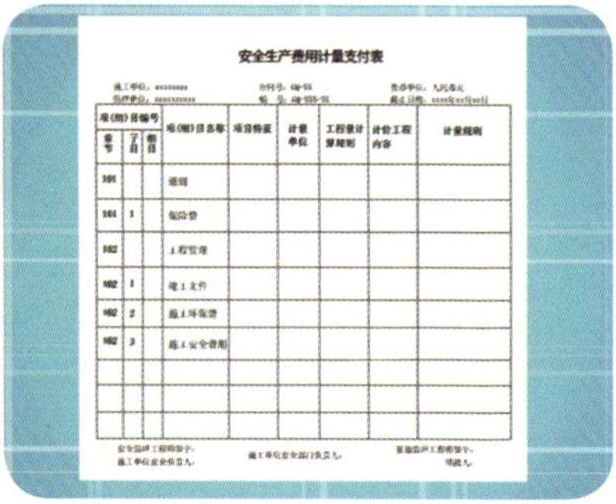

按规定及时申请安全经费的计量和支付

安全生产费用使用范围

施工单位安全生产费用在以下范围内使用：

（1）完善、改造和维护安全防护设施设备支出（不含“三同时”要求初期投入的安全设施）。

（2）配备、维护、保养应

急救援器材、设备支出和应急演练支出。

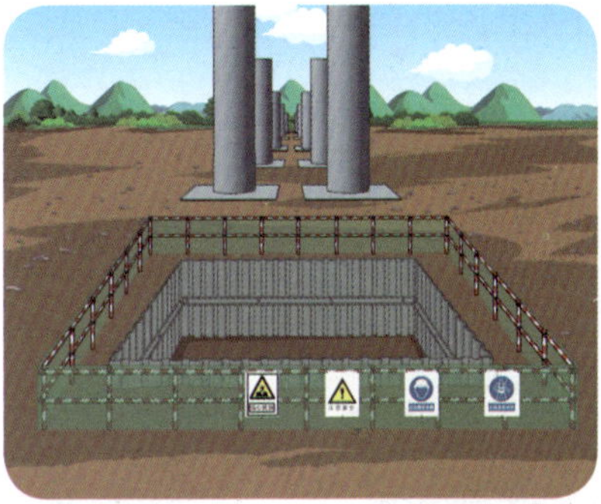

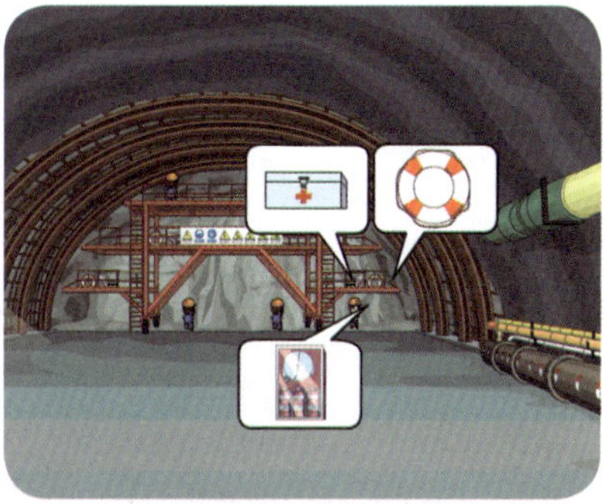

应急演练支出

（3）开展重大危险源和事故隐患评估、监控和整改支出。

（4）安全生产检查、评价（不包括新建、改建、扩建项目安全评价）、咨询和标准化建设支出。

重大危险源和事故隐患评估、监控和整改支出

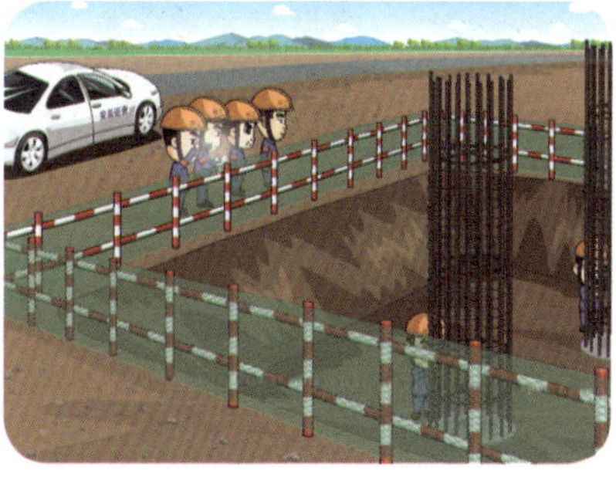

安全生产检查、评价、咨询和标准化建设支出

（5）配备和更新现场作业人员安全防护用品支出。

（6）安全生产宣传、教育、培训支出。

配备和更新安全防护用品支出

安全生产宣传、教育、培训支出

（7）安全生产适用的新技术、新标准、新工艺、新装备的推广应用支出。

（8）安全设施及特种设备检测检验支出。

（9）其他与安全生产直接相关的支出。

安全生产适用的“四新”技术的推广应用支出

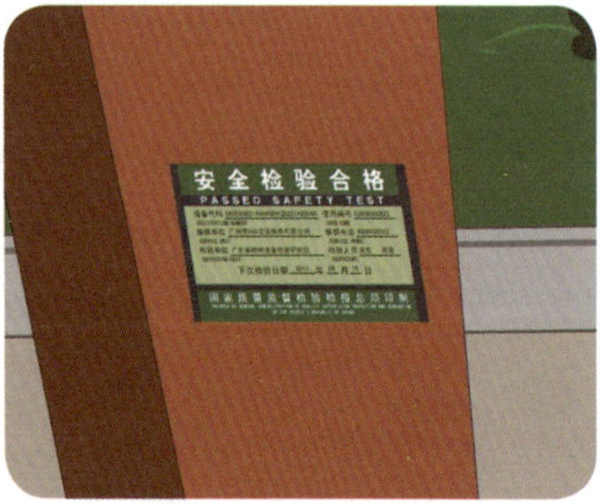

安全设施及特种设备检测检验支出

7 施工设备管理

7.1 机械设备

用具、机械设备、施工机具及配件有专人管理，定期进行检查、维修和保养，建立相应的档案，并及时报废。

用具、机械设备、施工机具及配件专人管理

检查、维修、保养、存档和及时报废

设备进场前按规定报建设和监理单位备案登记。

施工单位在选择各类施工设备时，应充分评估其安全标准、水平，使其满足生产安全控制要求。

报建设和监理单位备案登记

选择满足生产安全控制要求的施工设备

施工单位收集或编制各类设备技术安全操作规程。

所有设备、设施在投入使用前必须对操作人员进行专项培训，考试合格后才能上岗操作。

收集或编制各类设备技术安全操作规程

使用前必须对操作人员进行专项培训

施工单位建立设备、设施使用的管理规定，对于进入施工现场的自有设备、租赁设备，按相同的安全标准管理控制。

施工单位应建立设备设施台账，台账应涵盖自有设备、租赁设备。

对自有设备、租赁设备按相同的安全标准管理控制

建立设备设施台账，涵盖自有设备、租赁设备

7.2 特种机械设备

特种设备“三证齐全”，并委托第三方进行检验；设备档案“一机

一档”；起重设备吊装前有试吊记录。

施工单位对特种设备要按规定进行检测、鉴定，并取得检测合格证。

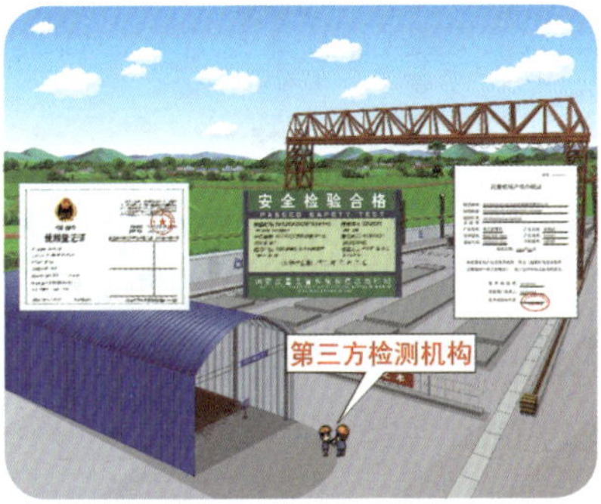

特种设备“三证”齐全，并委托第三方进行检验

对特种设备要按规定进行检测、鉴定

在所有特种设备使用前，项目施工单位要对其安全设施进行检测、验收，对特种设备检验合格证、特种作业人员资格证进行验证。

在使用前，对所有特种设备的安全设施进行检测、验收

对特种设备检验合格证、特种作业人员资格证进行验证

施工单位要建立特种设备履历表及设备台账。

特种设备进场施工时须报项目监理单位存档，项目监理单位须进行汇总，建立管理台账，并定期组织复查。

建立特种设备履历表及设备台账

进场施工时须报项目监理单位存档，进行汇总

项目监理单位建立台账

8 消防安全

8.1 消防责任

建立消防安全责任制度，确定消防安全责任人，设立消防安全总负责人，各重要部位设立具体负责人。

建立消防安全责任制度，确定消防安全责任人

各重要部位设立具体负责人

8.2 制度规程

制定用火、用电、使用易燃易爆材料等各项消防管理制度和操作规程，要求将制度和规程张贴在醒目的位置。

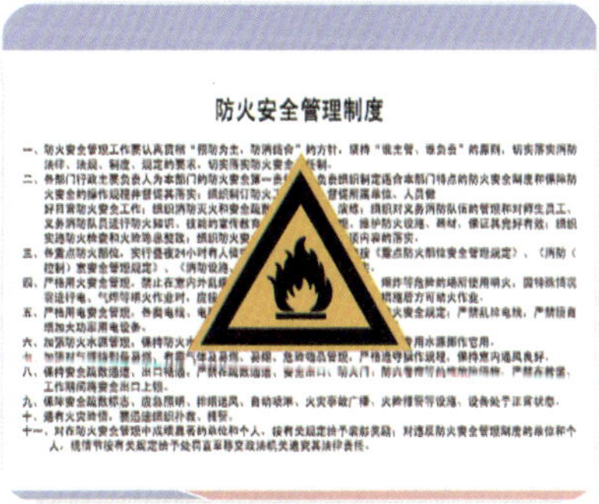

用火操作规程

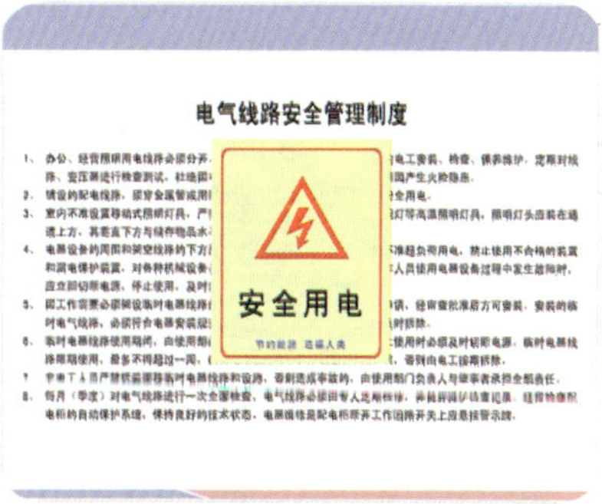

用电操作规程

使用易燃易爆材料操作规程

将制度和规程张贴在醒目的位置

8.3 消防设施

设置消防通道，配备相应的消防设施和灭火器材，所有通道、设施和器材都必须符合相关标准，且建立消防器材和危险品管理使用台账，并定期检查形成记录。

设置消防通道

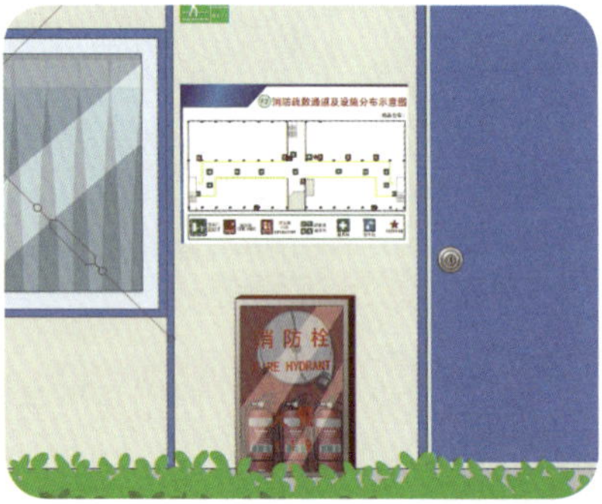

配备相应的消防设施和灭火器材

建立消防器材和危险品管理使用台账

定期检查形成记录

9 应急管理

9.1 预案体系

对施工区域可能发生的自然灾害，施工过程中危险性较大的分部分项工程、工艺、工序进行认真的分析，编制有针对性的应急救援预案体系，落实人员、器材、设备等应急物资，并根据实际情况进行救援演练。

危险性较大的分部分项工程

可能发生的自然灾害

编制有针对性的应急救援预案体系

落实人员

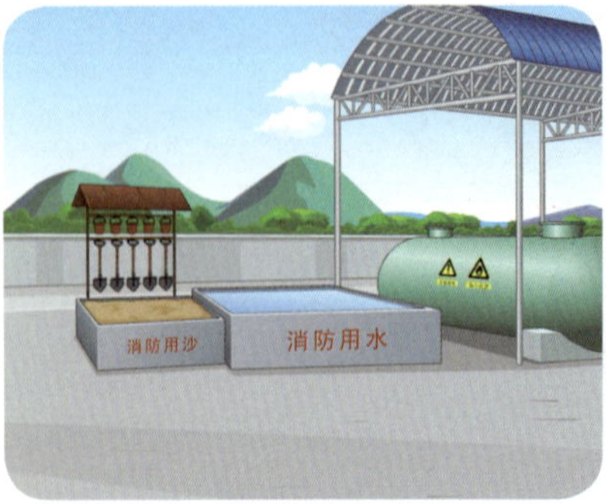

落实应急物资

根据实际情况进行救援演练

项目施工单位生产安全事故应急组织体系由应急职能部门、应急指挥中心及其办公室、专家组、现场应急指挥机构、救援机构等组成。

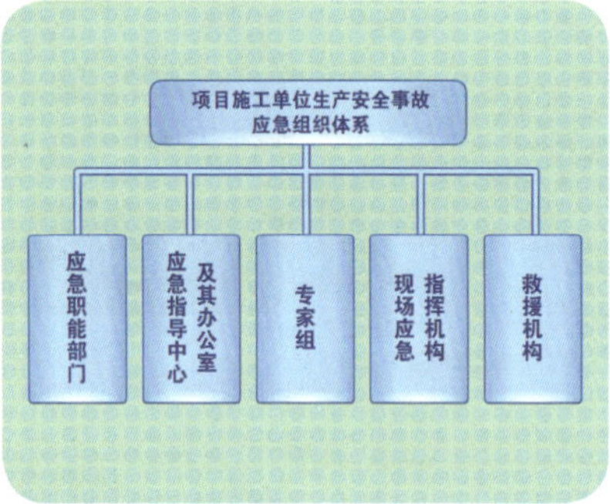

事故应急组织体系

9.1.1 应急预案

（1）综合应急预案。

施工单位须根据自身需要和特点编制本建设项目的综合应急预案，项目建设单位、项目监理及施工单位的各类预案形成预案体系。

根据自身需要和特点编制本综合应急预案

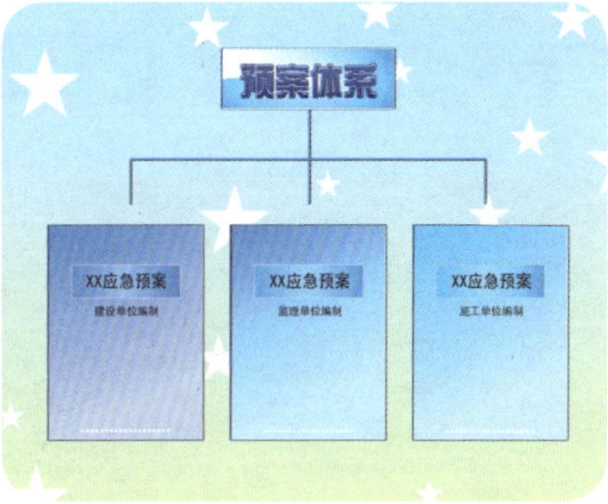

项目建设、监理及施工单位的预案形成预案体系

（2）专项应急预案。

施工单位应在辨识危险源、风险评价的基础上，根据潜在风险和事故类型，编制专项应急预案，并建立专项应急预案清单。

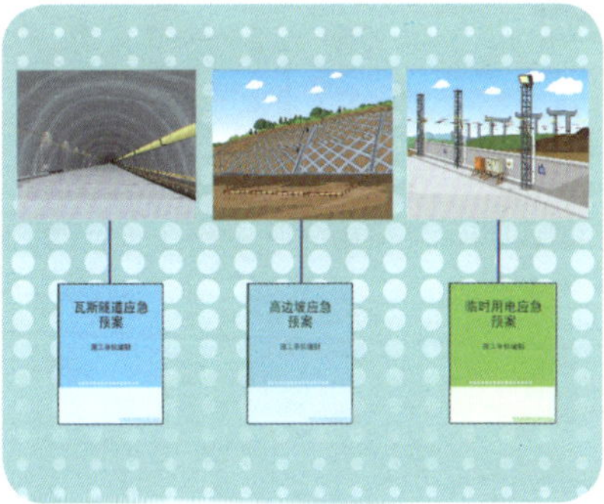

根据潜在风险和事故类型，编制专项应急预案

（3）现场处置方案。

施工单位须依据专项应急预案内容，针对具体的岗位、设备设施、作业面（点），分别编制现场处置方案，现场处置方案的重点是具体人员（岗位）、设备设施、在应急状态下的报告程序、操作程序、自救和他救程序等。

具体的岗位

设备设施

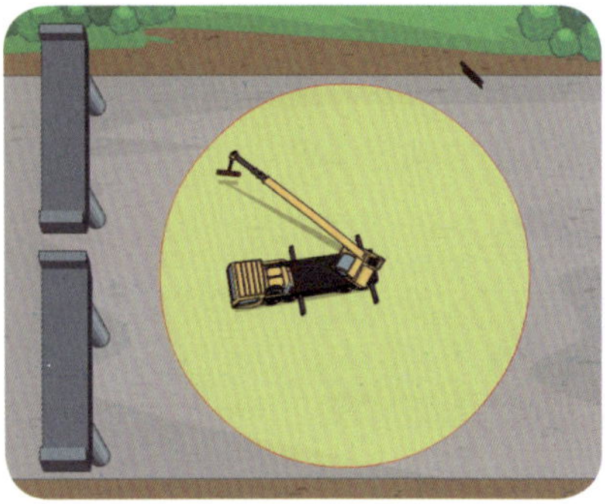

作业面（点）

编制现场处置方案

具体人员（岗位）、设备设施

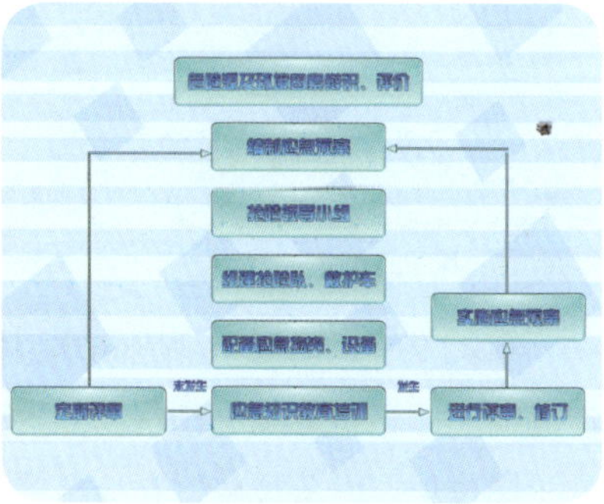

应急状态下的程序

（4）施工单位的各类应急预案应该上下级之间、合同各方之间、地方应急救援体系之间相互协调、互为呼应。

各个体系之间相互协调呼应

9.1.2 应急管理

（1）施工单位应根据实际情况和需要，组建和完善专兼职应急救援队伍。

组建和完善专兼职应急救援队伍

（2）项目施工单位应根据实际情况和需要做好应急现场救援以及工程抢险设施和装备、物资的储备，建立动态数据库，明确参与应急响应单位工程抢险设施和装备、物资的类型、数量、性能和存放位置，并建立相应的维护、保养和检测等制度，使其处于良好状态，确保正常使用，严格执行调用等级制度和补充更新制度。

做好应急现场救援

工程抢险设施和装备、物资的储备

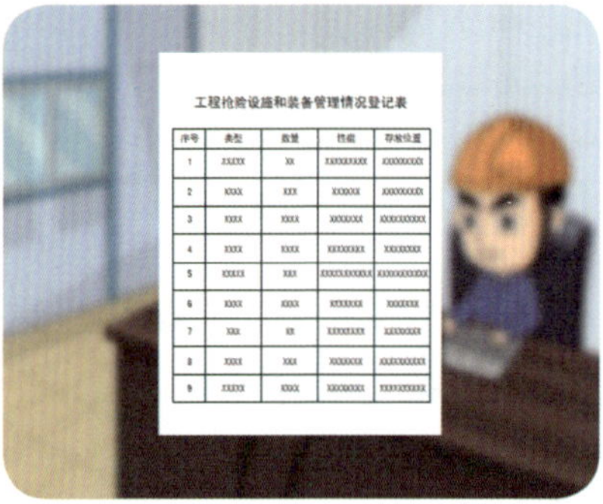

建立动态数据库

建立相应的维护、保养和检测等制度

9.1.3 应急演练

施工单位应根据事故预防重点，每年至少组织一次综合应急预案演练或者专项应急预案演练；项目建设及监理、施工单位每半年至少组织一次现场处置方案演练。

每年组织一次综合应急预案演练

每半年组织一次现场处置方案演练

应急预案演练结束后，应当对演练效果进行评估与总结，撰写应急预案演练评估总结报告，分析存在的问题，并对应急预案提出修订意见，持续改进。

对演练效果进行评估与总结

撰写应急预案演练评估总结报告，分析存在的问题

对应急预案提出修订意见，持续改进

9.1.4 评审备案

施工单位的应急预案应按规定组织评审。各现场制订的现场处置方案应报上级单位安全生产事故应急指挥部办公室备案。各单位安全生产事故应急预案按规定须报所在地人民政府安全生产监督管理部门和有关主管部门备案的从其规定。

应急预案应按规定组织评审

现场处置方案应报上级单位备案

应急预案按规定须报有关主管部门备案

9.2　事故处理

发生生产安全事故，应立即向建设单位、监理单位和事故发生地的公路工程安全生产监督管理部门以及地方安全监督部门报告， 并立即

向建设单位、监理单位报告

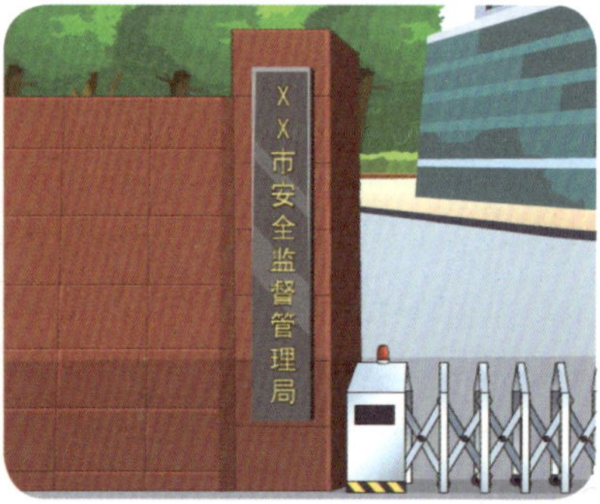

向地方安全监督部门报告

启动应急预案，进行先期处置。

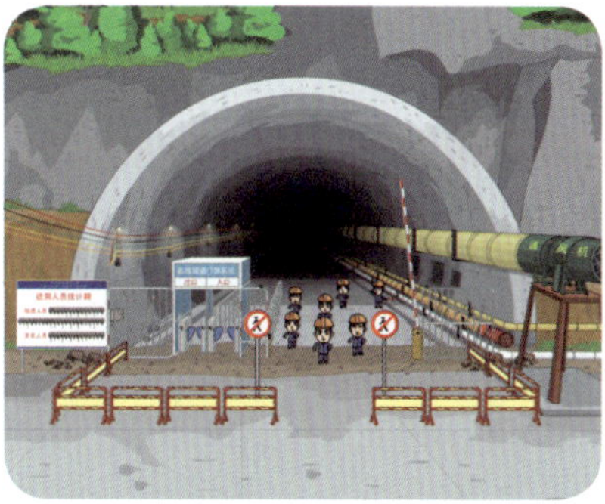

立即启动应急预案，进行先期处置

施工单位要建立轻伤施工统计、分析管理制度，做好轻伤事故统计分析工作。

施工单位在各自管理层面建立事故快报制度，并保持有效运行。

建立轻伤事故统计、分析管理制度

做好轻伤事故统计分析工作

10　施工场地和文明施工

10.1　警示标志设置

现场出入口、路线交叉处、拌和场、危险品存放处、起重机械、用电设施、孔洞口、高边坡、临边处、预应力张拉作业等作业场所所设置的安全标志牌要制作规范、醒目，同时要悬挂合乎场景的安全标语。

现场出入口等场所的安全标志牌或安全标语

高边坡等场所的安全标志牌或安全标语

临边处和张拉作业场所的安全标志牌或安全标语

梁场的安全标志牌或安全标语

重要危险路段要有专人看守，并严格按照安全分级制度设置警示牌和警示带；现场出入口、路线交叉处应设置警示、警告标志，采用与安全分级制度相应的颜色设置。

重要危险路段专人看守

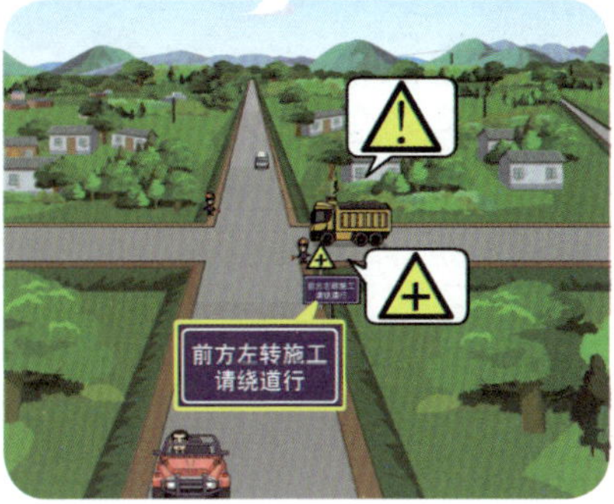

路线交叉处设置警示、警告标志

10.2　临边防护

基坑、桩基孔口、高边坡、高处临边作业、水上作业应设置围栏、安全网等防护设施和警示标志，临边防护设置到位，上下通道搭设满足安全规范要求。

水上作业设置围栏、安全网等防护设施和警示标志

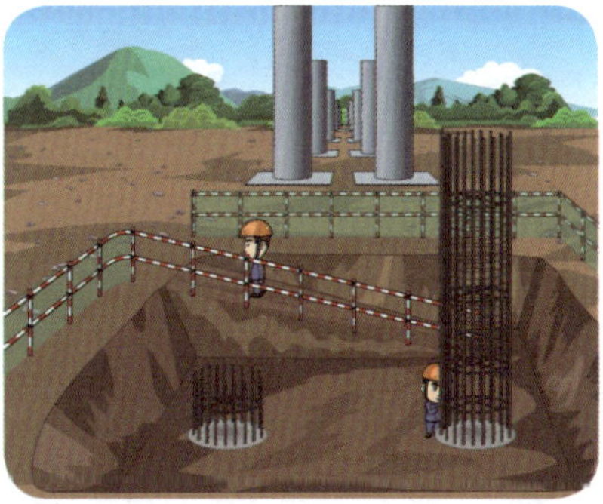

临边防护设置到位，上下通道搭设满足要求

10.3　交通安全

施工现场应进行封闭管理，严禁无关车辆和人员入内。运料车途经的村道、便道、交叉路口、交通繁忙的路口、危险地段应设置交通指示、警告标志牌。

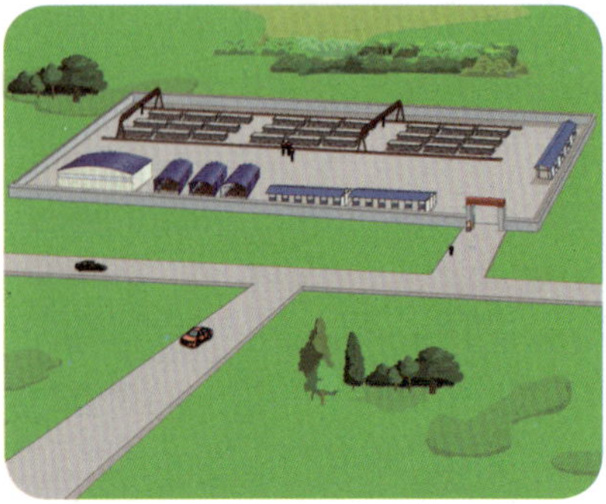

施工现场封闭管理

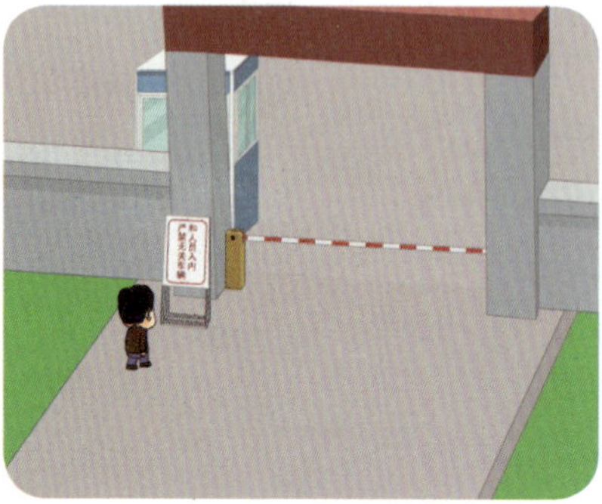

严禁无关车辆人员入内

运料车途经的村道、便道、交叉路口设置标志牌

交通繁忙的路口、危险地段设置标志牌

夜间施工路口、村庄附近应设置警示反光标志或照明灯具等，灯光必须明亮，满足施工和通行要求，照明须设由专业电工管理。

夜间施工路口设置警示反光标志或照明灯具

灯光须明亮满足要求，由专业电工管理

跨路施工、道路边通车边改造、施工便道与交通繁忙路口（段）等施工现场应设专职交通协管员，负责维护现场交通秩序。同时应设立专职安全员负责监督现场的安全管理，并及时维护交通安全设施。施工作业时，施工人员应身着红黄色反光背心。

交通繁忙路口设专职交通协管员

应设立专职安全员监督现场

维护交通安全设施

作业时，施工人员应穿反光背心

施工便道应保持畅通，靠近河流和陡壁处的施工便道，设置护栏和明显的警示、警告标志牌、防撞墩等。

施工便道保持畅通

河流和陡壁处设置护栏和警告标志牌

10.4 环境保护

拌和场、预制场、施工驻地等施工场地的排水设施要完善，有防尘、减噪、防止水源污染措施，并加强检查和观测。生活垃圾及施工废料应按环保要求集中处理。

各施工场所排水设施要完善

防尘

防止水源污染措施

生活垃圾及施工废料应集中处理

10.5 材料堆放

砂石、钢筋等原材料、半成品、梁板等成品分类堆放整齐、稳固，按规定悬挂标识牌。

材料分类堆放整齐，并悬挂标识牌

10.6 危险品、易燃易爆品存放

仓库危险品、易燃易爆品按规定分类存放和防护。必要时应在库房外面标示危险品的名称、特性、仓管员、应急处置方法等信息，并应准备相关应急物资。

仓库危险品、易燃易爆品按分类存放和防护

标示危险品的名称并准备应急物资

10.7　防护用品

安全防护用品应具有“三证一标志”即生产许可证、产品合格证、安鉴证和安全防护用品标志。各种作业按规程进行，作业人员按作业要求正确佩戴防护用品。

安全防护用品应具有“三证一标志”

按作业要求佩戴防护用品

11 施工驻地

11.1 建设要求

办公生活区域选址应符合安全要求。

项目经理部临建办公室、生活、住宿和仓库等可采用自建活动板房，也可租用沿线合适的办公楼房或民用房屋，但必须坚固、安全、耐用。宿舍不得设在尚未竣工的建筑物内。

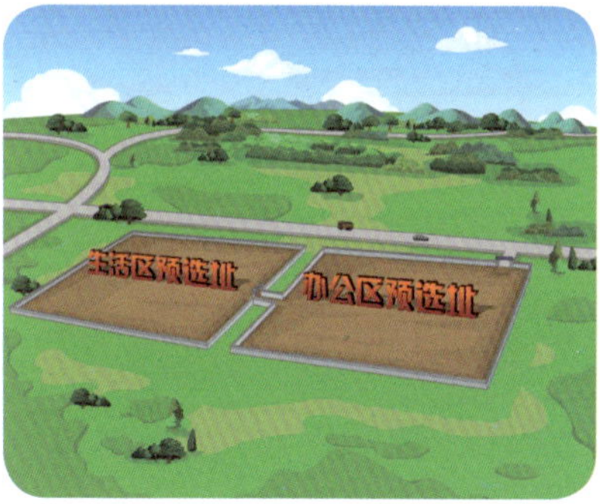

办公生活区域选址应符合安全要求

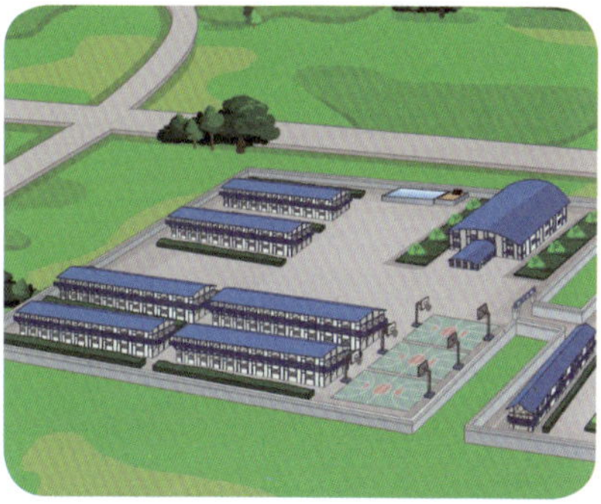

临建办公室、生活、住宿和仓库等可自建活动板房

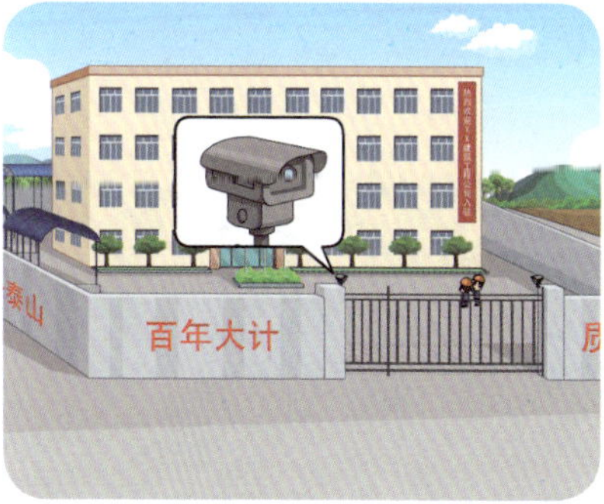

租用的办公楼必须坚固、安全、耐用

宿舍不得设在尚未竣工的建筑物内

项目经理部的办公生活区域的选址，不能选在发生塌方、泥石流、水淹等地质灾害区域及高压电线下面（与高压水平距离不小于 8m），

避开取土、弃土场地，离集中爆破区500m以外；要在通风、干燥的位置，防止雨水、污水流入。

办公、生活区域与施工区域必须分开，且有合格的安全距离。

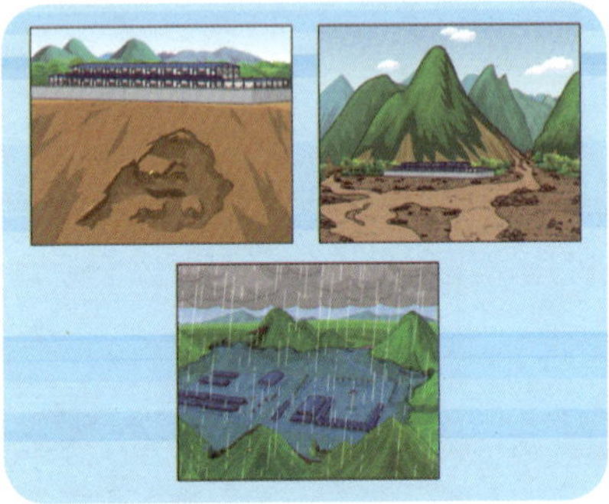

不能选在发生塌方、泥石流、水淹等区域

不能选在高压电线下面

避开取土、弃土场地

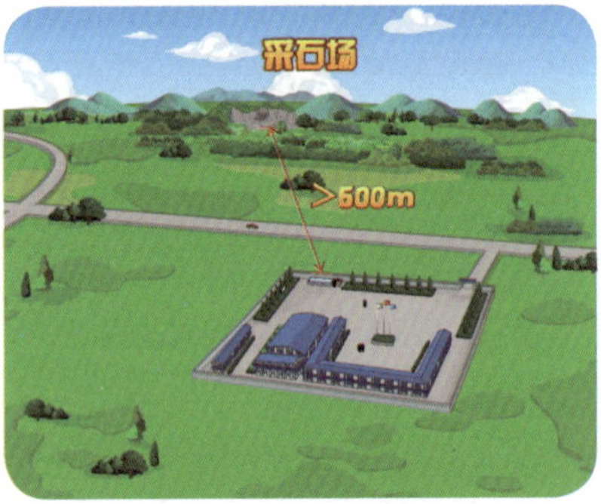

离集中爆破区500m以外

在通风、干燥的位置

防止雨水、污水流入

办公、生活区域与施工区域分开，有合格的安全距离

11.2 装配式活动房屋

装配式活动房屋应当具有生产（制造）许可证、产品合格证。施工队伍必须是专业队伍，并具有专业资质，建设完成后，经总监办和建设单位验收合格后，方能使用。

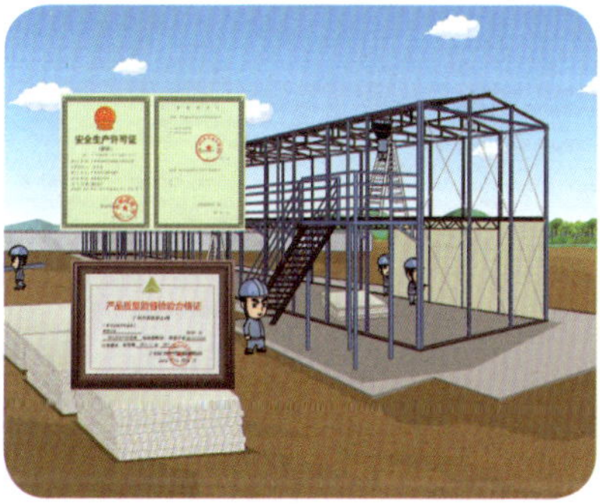

活动房屋应有生产（制造）许可证、产品合格证

施工队伍具有专业资质

11.3 消防设施

项目经理部的办公生活区域应符合消防安全要求，按规定配备防火器材，保持消防通道畅通。制定防火安全措施及管理制度，各区域明确安全防火责任人。

配备防火器材，保持消防通道畅通

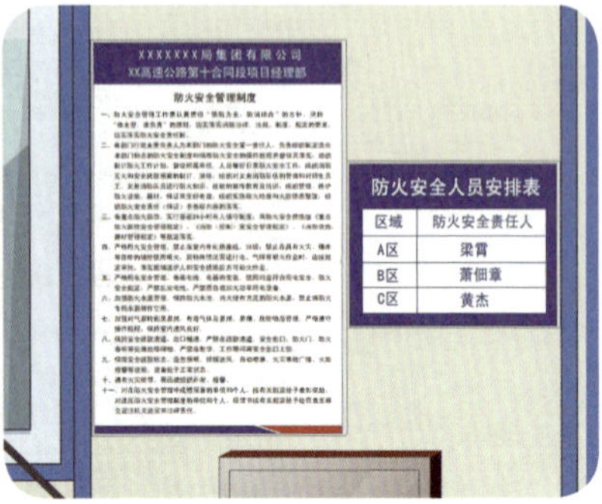

制定防火安全措施及管理制度

应在办公和生活区的中心地点设手动（或电动）消防水泵一台及不小于$20m^3$的消防水池；每栋用房均应配备6～8个灭火器，设置一个$2m^3$的消防水池。

设消防水泵

不小于$20m^3$的消防水池

每栋用房配备6～8个灭火器

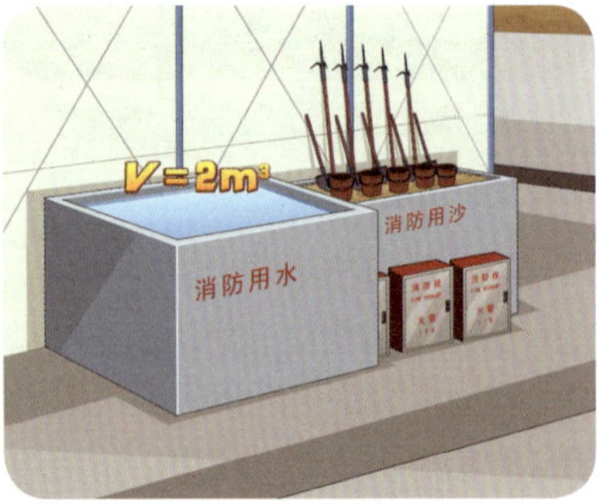

设置一个$2m^3$的消防水池

12 拌 和 站

12.1 选址及场地

拌和场的选址应远离居民区，不能选在易发生塌方、泥石流、水淹等地质灾害区域及高压电线下面（与高压水平距离不小于8m），避开取土、弃土场地，离集中爆破区500m以外；要在通风、干燥的位置，防止雨水、污水流入。

拌和场作业场区地面必须使用混凝土全部硬化。

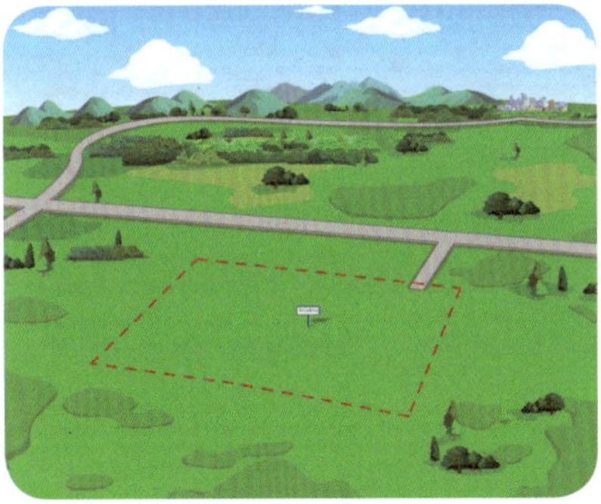

拌和场选址远离居民区

不能选在易发生塌方、泥石流、水淹等区域

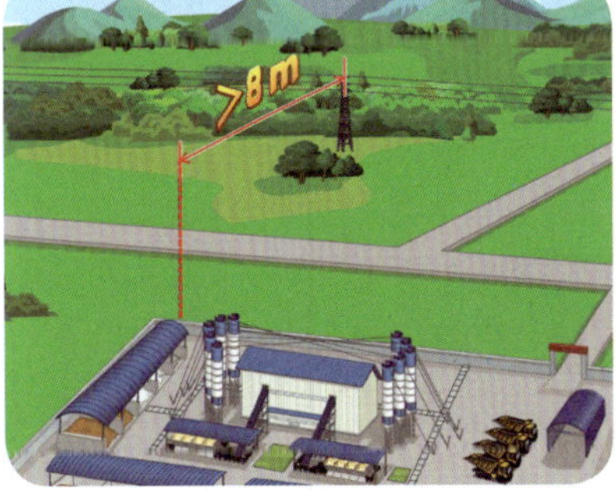

与高压水平距离不小于8m

避开取土、弃土场地

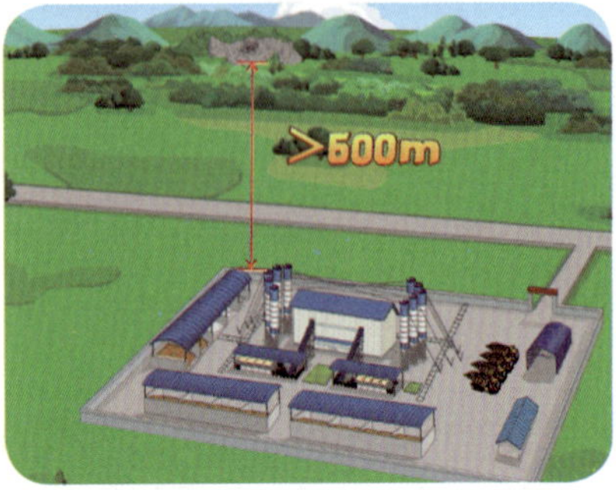

离集中爆破区500m以外

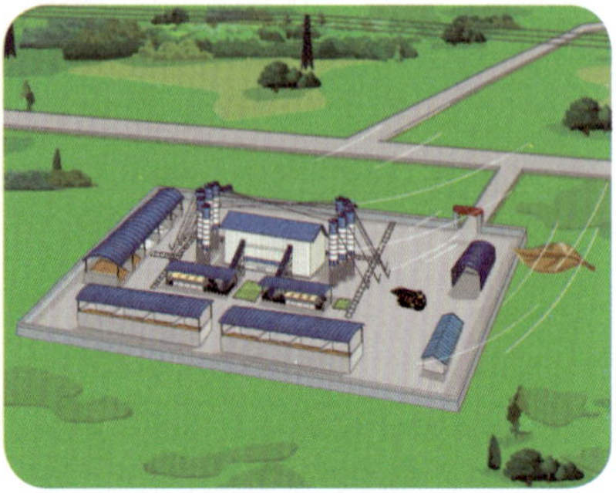

在通风、干燥的位置

防止雨水、污水流入

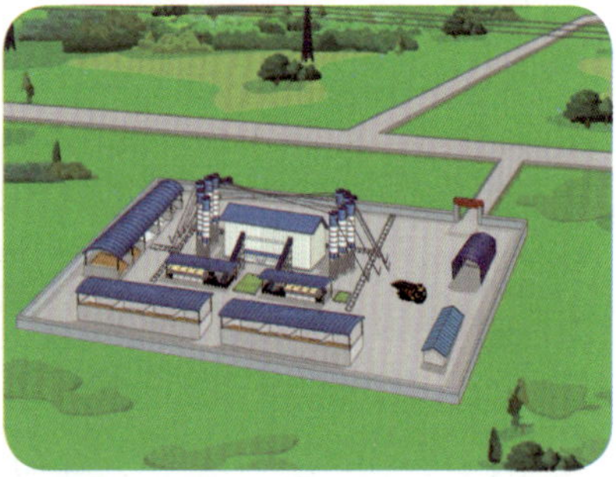

拌和场作业场区地面使用混凝土全部硬化

12.2 防风与防雷

拌和楼的搅拌机、水泥罐和沥青罐基础须有详细的受力安全验算书。拌和站场区必须安装防雷设施，防雷设施必须经当地专业防雷检测部门检测合格，并出具合格检测报告书；水泥罐必须安装防风缆。

搅拌机和水泥罐须有详细的受力验算书

防雷设施有合格检测报告书

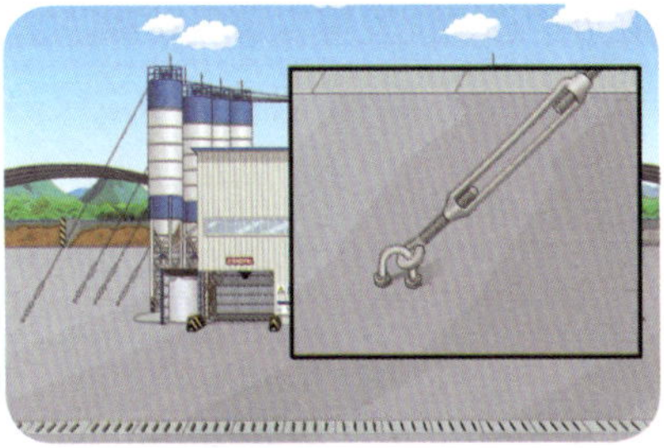

水泥罐须安装防风缆

12.3 安全防护

拌和楼旁严禁堆放易燃易爆物品，拌和场危险部位应采取安全防护措施。

拌和站机械设备经常检查的部位应设置稳固的铁爬梯，采用皮带机上料时，储料仓应加以防护。

拌和楼旁禁堆放易燃易爆物品

拌和场危险部位应采取安全防护措施

拌和站机械设备经常检查的部位应设铁爬梯

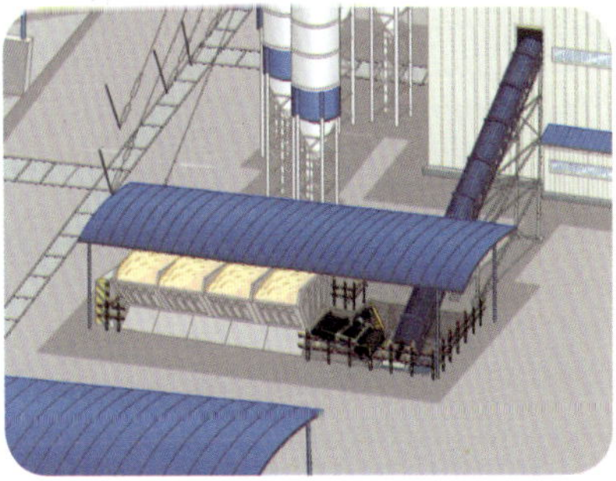

储料仓应加以防护

抖和楼出料通道两侧必须设置警告警示牌和防撞设施。

抖和楼2m高度以下的转动部件应设置安全罩保护。

抖和楼出料通道两侧须设置警告警示和防撞设施

抖和楼2m以下的转动部件应设置安全罩保护

12.4 安全操作规程

场区各工位应悬挂工种、机械设备操作规程。

各工位应悬挂工种、机械设备操作规程

12.5 作业和检修

抖和机等设备作业和检修应符合安全要求。

混凝土搅拌站（机）必须由操作员按规程操作，设备操作人员须取得操作资格方可上岗，同时定期进行继续教育培训与岗前培训。

设备操作人员须取得操作资格

定期进行继续教育培训与岗前培训

拌和楼检修作业时必须断电作业，拌和楼总电闸必须挂上“有人维修，严禁合闸”的牌子，并有专人看管。

拌和楼检修作业时须断电作业

总电闸挂上牌子且专人看管

设备执行“定人定机”的专人负责制，认真填写运行记录。

设备执行“定人定机”的负责制

认真填写运行记录

主动向操作工了解设备运行情况

定期检查维护时应主动向操作工了解设备运行情况，发现故障及时消除，不能立即消除的故障，要详细记录，及时上报，并结合设备检修计划予以消除。

将故障详细记录并及时上报

结合设备检修计划予以消除故障

12.6 环保措施

拌和场应设污水沉淀池，并落实防尘措施。

拌和场区四周要做好排水措施，设置排水沟或下水道，保证排水畅通。污水处理设置多级沉淀，通过沉淀过滤，达到排放标准。

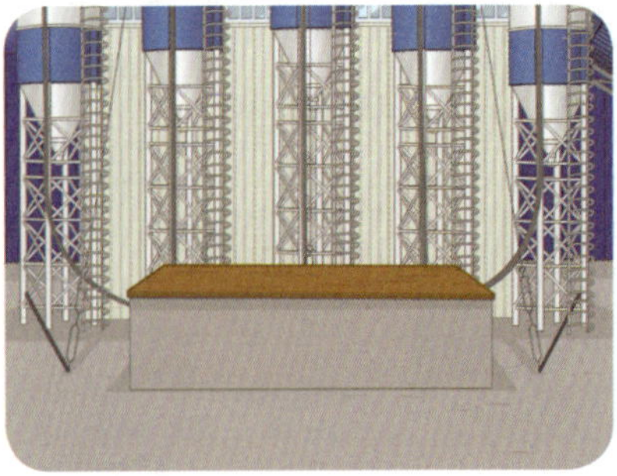
拌和场设污水沉淀池，落实防尘措施

拌和场区四周做好排水措施

污水处理设置多级沉淀

拌和场区应设置洗车系统，场地内专人清扫、洒水及处理生活污水。

拌和场区设置洗车系统

场地内专人清扫、洒水及处理生活污水

13 预 制 场

13.1 选址及场地

预制场的选址应远离居民区，不能选在易发生塌方、泥石流、水淹等地质灾害区域及高压电线下面（与高压水平距离不小于8m），避开取土、弃土场地，离集中爆破区500m以外；要在通风、干燥的位置防止雨水、污水流入。

预制场场地应进行硬化处理。

预制场的选址远离居民区

不能在易发生塌方、泥石流、水淹等区域

不能在高压电线下面

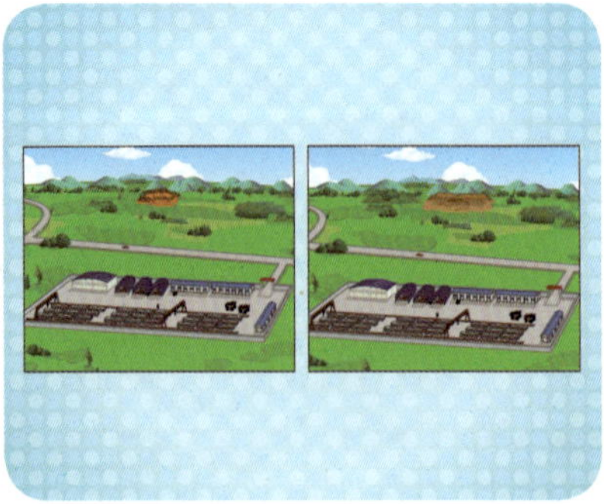

避开取土、弃土场地

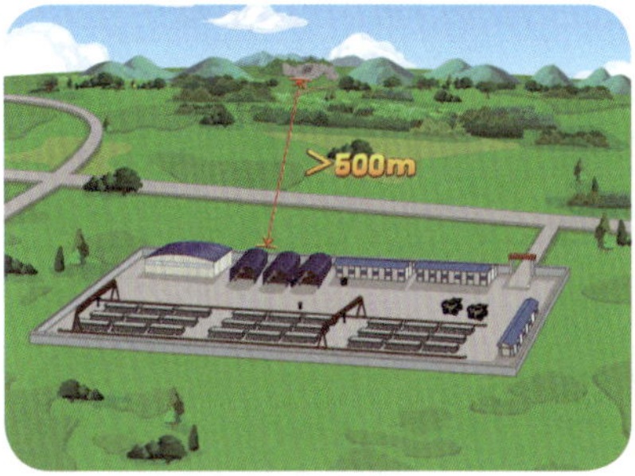

离集中爆破区500m以外

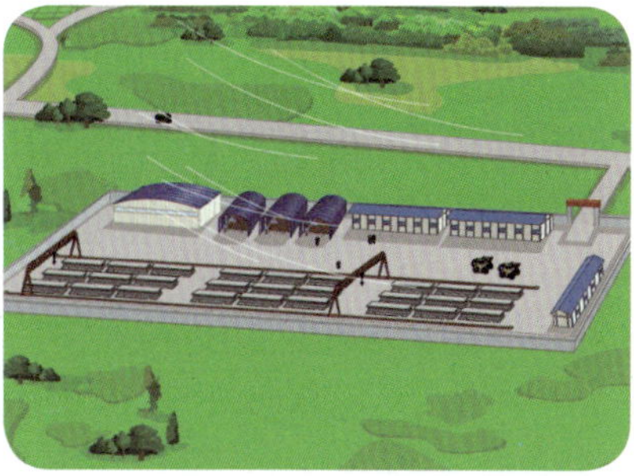

在通风、干燥的位置

防止雨水、污水流入

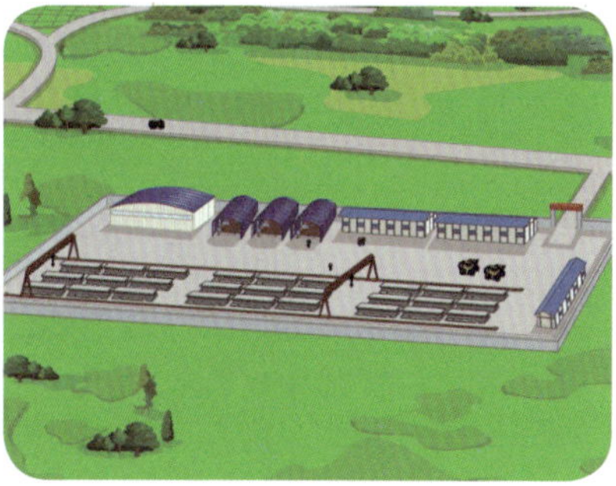

预制场场地应硬化处理

13.2 环保措施

预制场应设置通畅的排水系统。预制场场区及四周要做好排水措施，设置排水沟或下水道，保证排水畅通。

预制场应落实污水处理和防尘措施。污水处理设置多级沉淀，通过沉淀过滤，达到排放标准。预制场内专人清扫、洒水及处理生活污水。

预制场应设通畅的排水系统

设排水沟或下水道

预制场落实污水处理和防尘措施

污水处理设多级沉淀

预制场内专人清扫、洒水及处理生活污水

13.3 材料堆放

材料和加工好的产品应堆放整齐、稳固。

完成终张拉后方可上层存梁，上下层存梁支垫位置应在同一垂直面内，两侧设防倾覆支撑，支撑须牢固。

材料和加工好的产品应堆放整齐、稳固

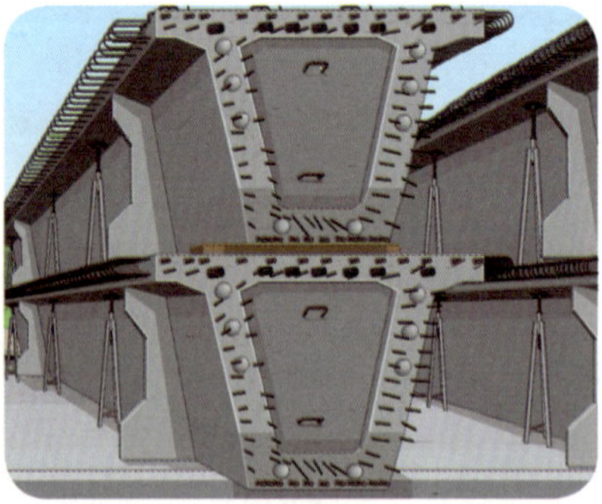

上下层存梁支垫位置应在同一垂直面内

严格按设计规定的层数存梁，T梁禁止叠层存放。

T梁禁止叠层存放

13.4 张拉场地

张拉施工现场的周围应有明显警告标志，严禁非工作人员进入。

张拉施工现场严禁非工作人员进入

14 施工机械

14.1 设备标识

场内机械应有检测合格记录、标识，按规定悬挂安全操作规程牌。

机械应有检测合格记录、标识

按规定悬挂安全操作规程牌

14.2 设备用电

电焊机、电器设备用电须按“一箱一机一闸一漏”安装，必须做接零（接地）保护和漏电保护，设备工作完毕时，要拉闸断电。

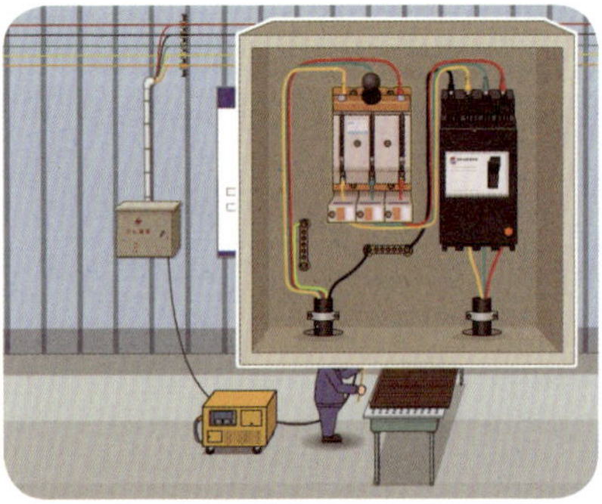

一箱一机一闸一漏

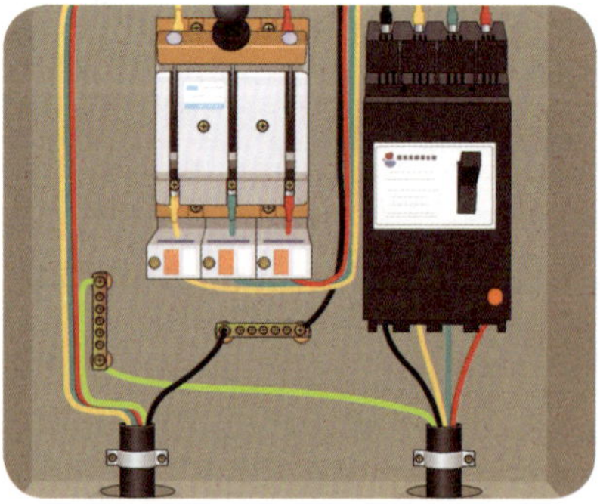

须做接零保护和漏电保护

设备工作完毕时，要拉闸断电

14.3 张拉作业

预应力张拉作业按规定采取安全防护措施，检查油泵及油管状况，防止接头脱出伤人。同时张拉设备须稳固、有防护措施，张拉作业时，千斤顶的对面不得站人（建议防飞脱挡板为两层，内层为大于20mm的木板，外层为大于6mm的钢板，两板紧贴并固紧，木板对准张拉方向），防止张拉过程中预应力束飞出伤人。

检查油泵及油管状况，防止接头脱出伤人

张拉设备须稳固、有防护措施

张拉作业时千斤顶的对面不得站人

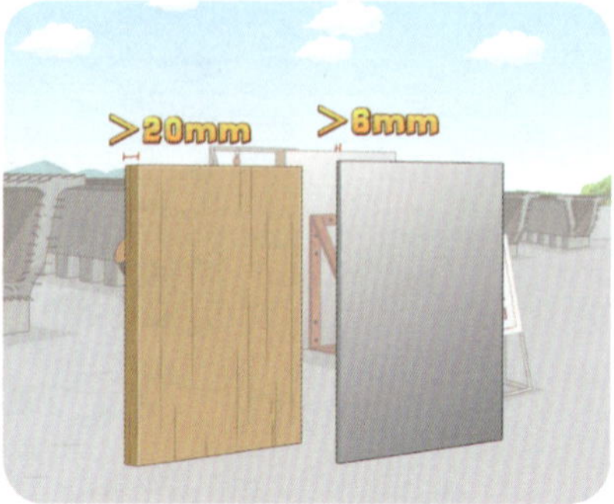

防护板细部图

14.4　安全防护

机械设备的保险、限位、防护装置齐全有效。

保险

限位

防护装置

定期检查、检验，机械设备，不得带病作业，并做好设备使用、维护、保养记录。

定期检查、检验

做好设备使用、维护、保养记录

设备外壳须接地且接地电阻要小于4Ω，设备放置须有防雨措施。

外壳须接地且接地电阻要小于4Ω

设备放置须有防雨措施

14.5　焊切作业

乙炔瓶、氧气瓶之间的安全距离不得小于5m，乙炔瓶、氧气瓶与明火之间的安全距离不得小于10m。

使用乙炔瓶时，要固定可靠，防止倾倒，严禁卧放使用，乙炔瓶应安装防回火安全装置。

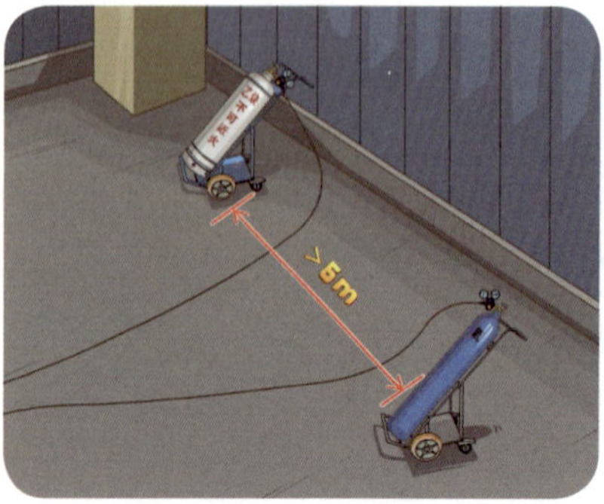

乙炔瓶、氧气瓶之间的安全距离不小于5m

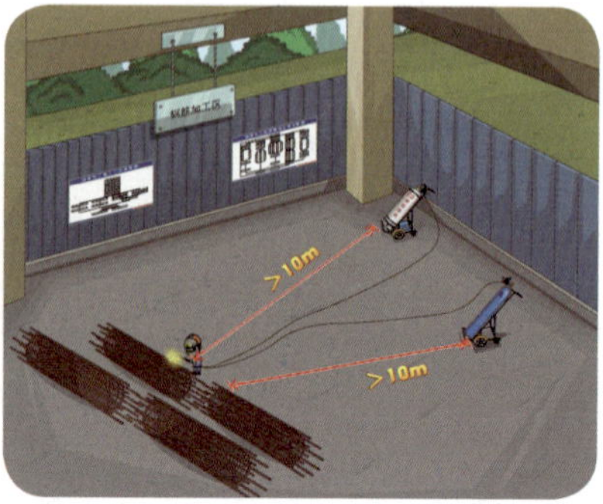

乙炔瓶、氧气瓶与明火之间的安全距离不小于10m

使用乙炔瓶要固定可靠，防止倾倒

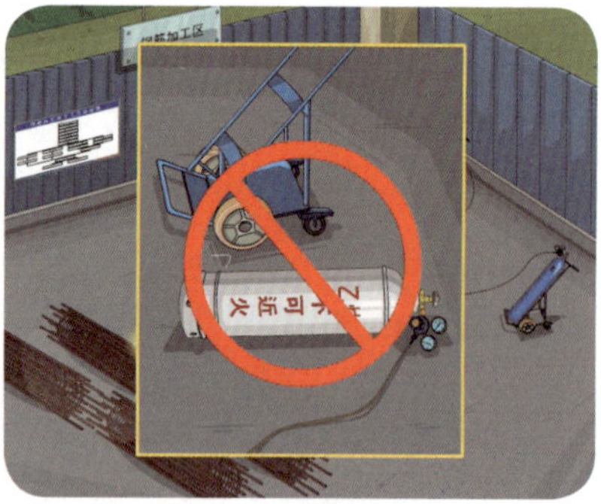

严禁卧放

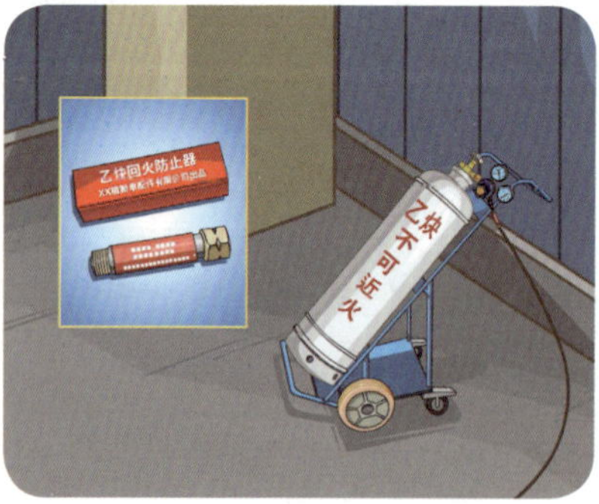

乙炔瓶安装防回火装置

15 临时用电

15.1 临时用电系统

施工现场专用的中性点直接接地的220/380V低压电力系统中，必须实行TN-S三项五线制供电系统。

三相五线制供电系统设有独立的保护零线和工作零线，严禁保护零线与工作零线混接。

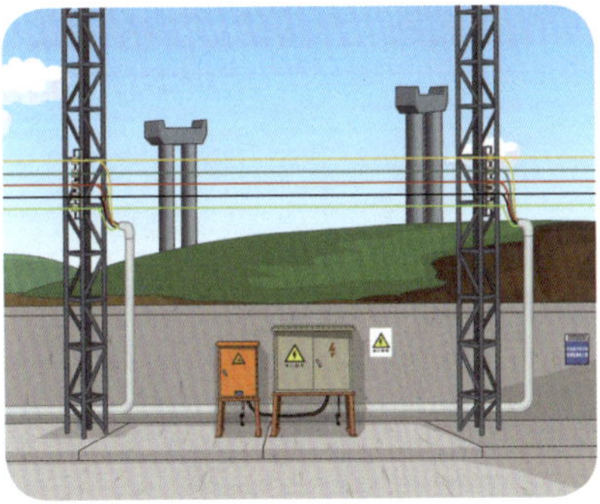

220 / 380V低压电力系统

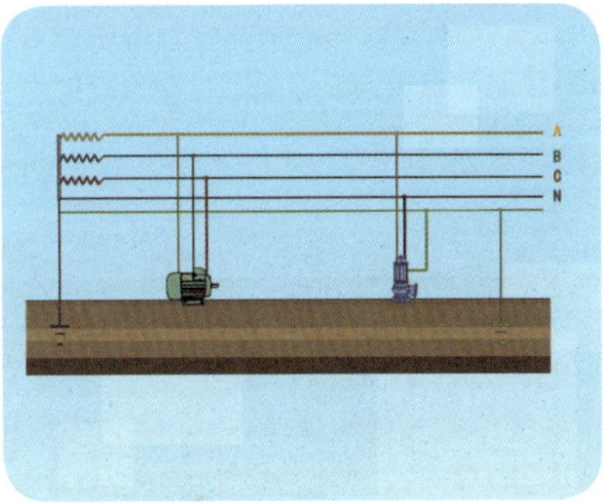

三相五线有独立的保护零线和工作零线

配电线路要按照“三级配电、两级漏电保护和动照分设”方案设置，当受条件所限合并设置为同一配电箱时，动力和照明应分电路配电。

三级配电、两级漏电保护

受条件所限时，动力和照明应分电路配电

配电方式：从一级总配电箱（配电柜）应通过分路开关装置向二级分配电箱分路配电；二级配电箱又可向若干二级配电箱分路配电；二级分配电箱可向若干开关箱分路配电，总回路数不超过五个。

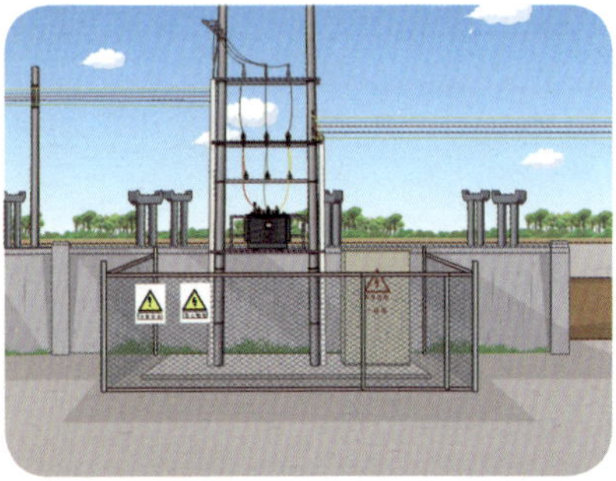

一级总配电箱向二级分配电箱分路配电

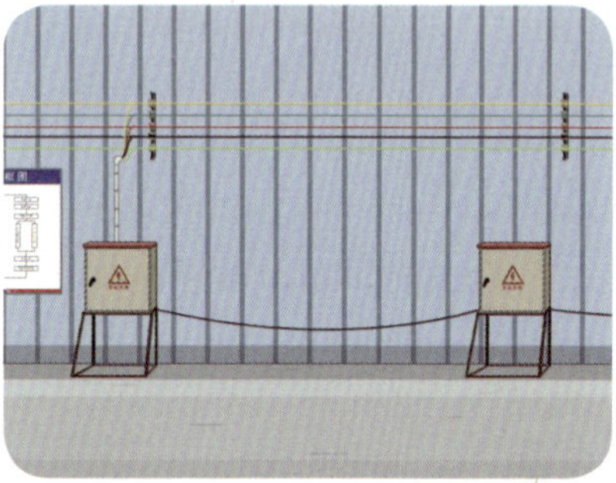

二级配电箱又可向若干二级配电箱分路配电

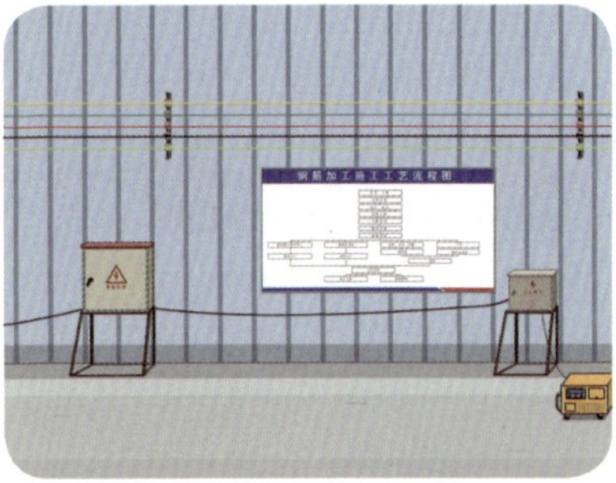

二级分配电箱可向若干开关箱分路配电

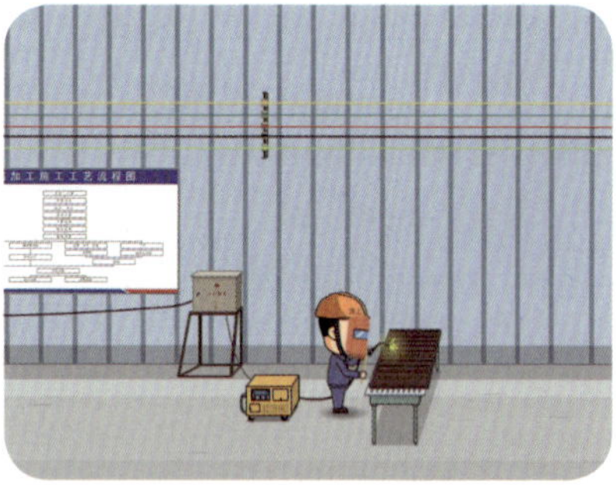

总回路数不超过五个

开关箱按“一机一箱一闸一漏”的要求设置，严禁一闸多用。

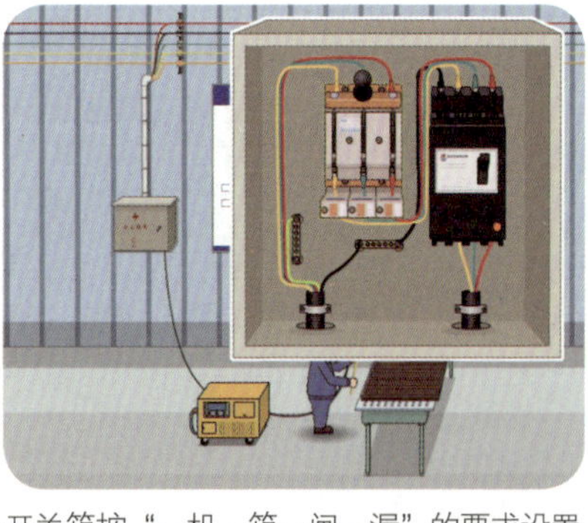

开关箱按“一机一箱一闸一漏”的要求设置

配电柜应装设电源隔离开关及短路、过载、漏电保护电器。各级电箱电源隔离开关分断时，应有明显可见分断点。

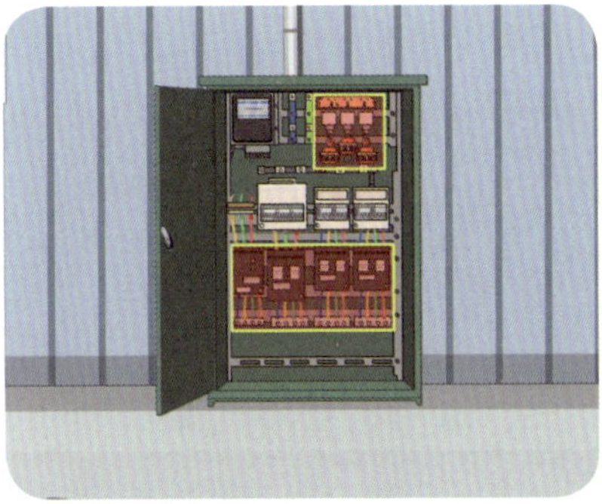

装设电源隔离开关及短路、过载、漏电保护电器

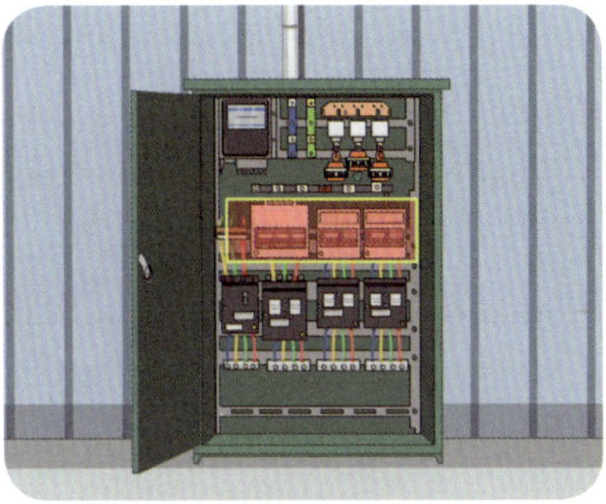

各级电箱电源隔离开关分断时，应有明显可见分断点

15.2 配电箱

配电箱、开关箱箱门、锁应齐全，并落实防雨措施，电线无破损现象。

配电箱、开关箱箱门、锁应齐全

电线无破损

配电箱、开关箱内的工作零线，通过接线端子板连接，并与保护零线端子板分开设置。配电箱的外壳均作保护接零。

配电箱、开关箱应采用优质冷轧钢板材料制作，钢板厚度应为1.2～2.0mm，其中开关箱箱体钢板厚度不得小于1.2mm，分配箱箱体钢板厚度不得小于1.5mm，总配电箱箱体箱身钢板厚度不得小于1.5mm，总配电箱的门和顶钢板厚度宜选用2.0mm，箱体表面应做防腐处理，应具有防锈、防尘、防雨等防护功能。

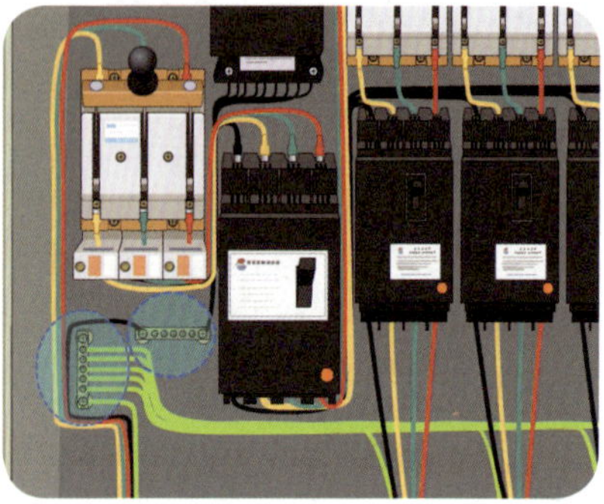

工作零线用端子板连接，与保护零线端子板分开设置

配电箱的外壳均作保护接零

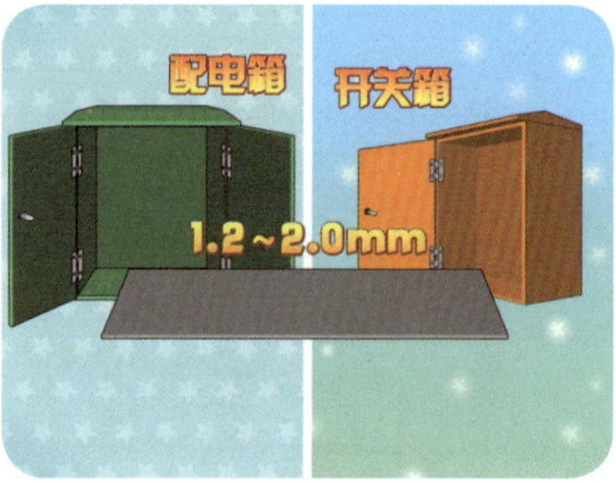

配电箱、开关箱钢板厚度为1.2～2.0mm

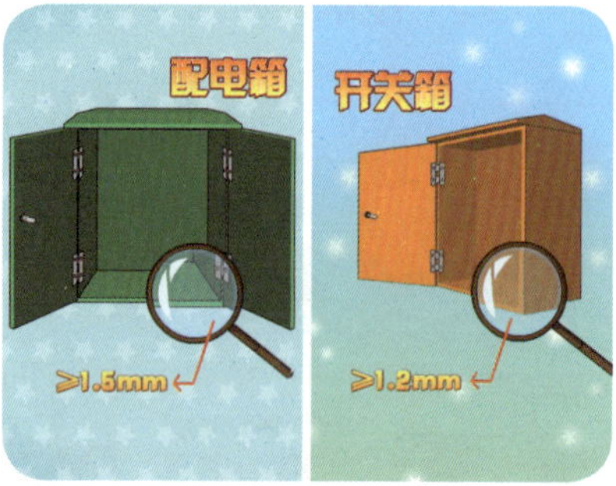

开关箱箱体钢板厚度不得小于1.2mm，分配箱箱体钢板厚度不得小于1.5mm

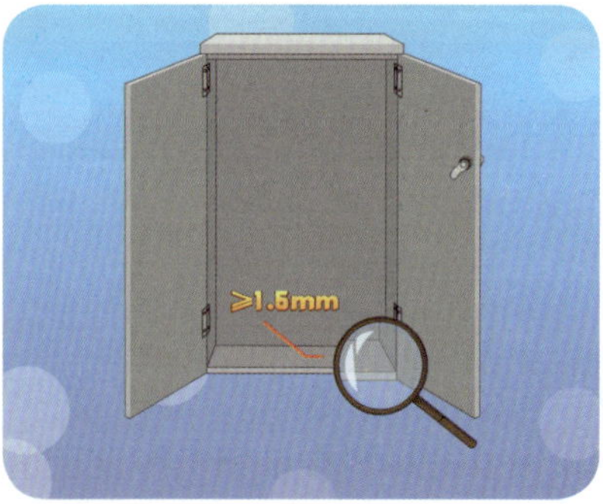

总配电箱箱体、箱身钢板厚度不得小于1.5mm

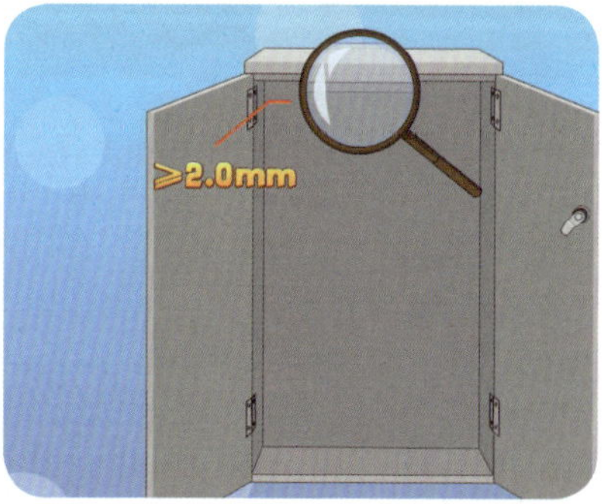

总配电箱的门和顶钢板厚度宜选用2.0mm

箱体应有防锈、防尘、防雨功能

总配电箱必须安装吊环，方便运输装卸。分配电箱安装中心距地面设置高度为1.4～1.6m，开关箱中心距离地面高度为0.8～1.6m（目的是有紧急情况时能迅速断电），电箱必须设置防雨防砸措施。

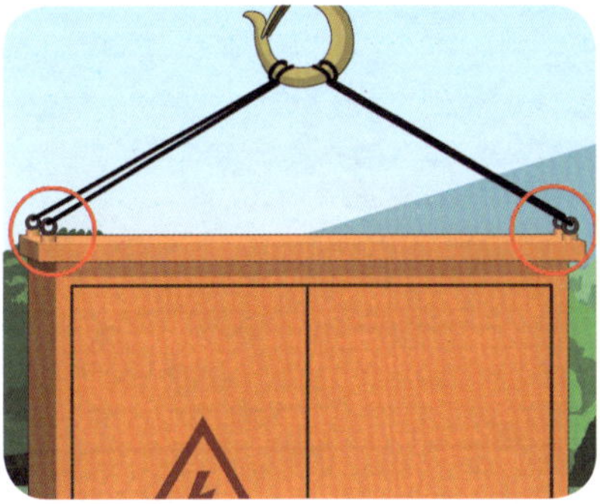
总配电箱须安装吊环，方便运输装卸

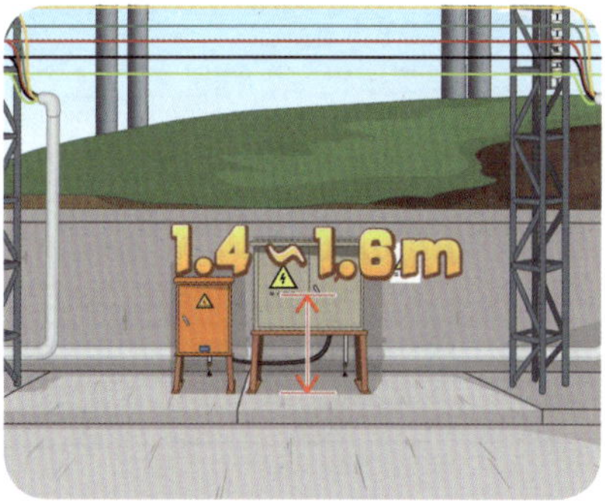

分配电箱安装中心距地面高度为1.4～1.6m

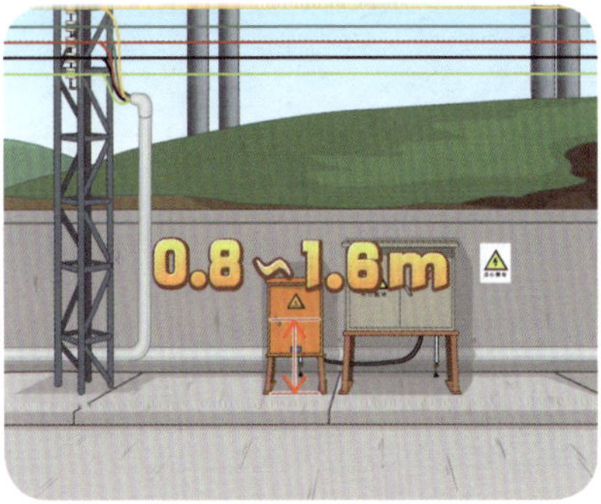

开关箱中心距离地面高度为0.8～1.6m

电箱须设置防雨防砸措施

安装应端正牢固；安装、维修或拆除临时用电工程，应由持证的电工完成；应装设在干燥通风及常温的场所；垂直接地体禁止采用螺纹钢，应采用角钢、钢管或光面圆钢；开关箱应设有警示标志；周围严禁堆放油类制品、杂物等易燃易爆品。

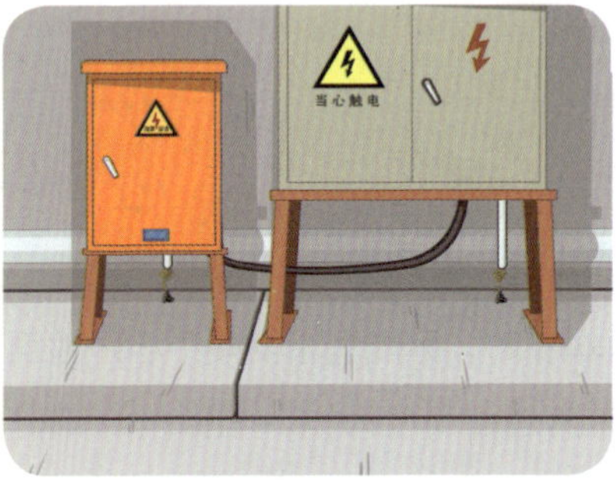

电箱安装应端正牢固

临时用电工程应由持证的电工完成

电箱应装设在干燥通风及常温的场所

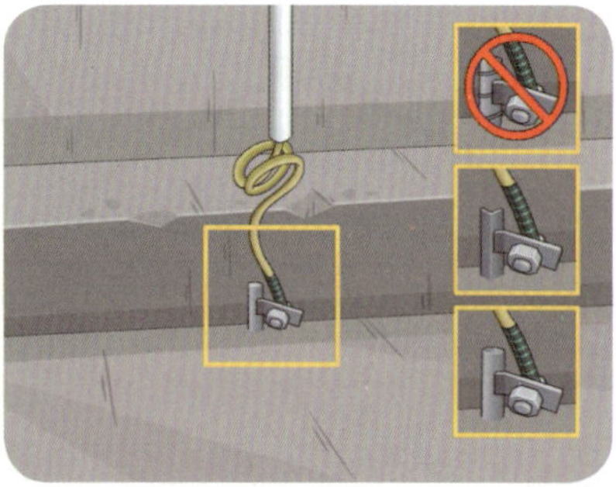

垂直接地体禁用螺纹钢，应用角钢、钢管或光面圆钢

开关箱设警示标志

电箱周围禁堆放油类制品等易燃易爆品

15.3 线路

配电线路和电器符合安全规定，遵守“三相五线”制及禁止使用花线、老化线等用电规范。

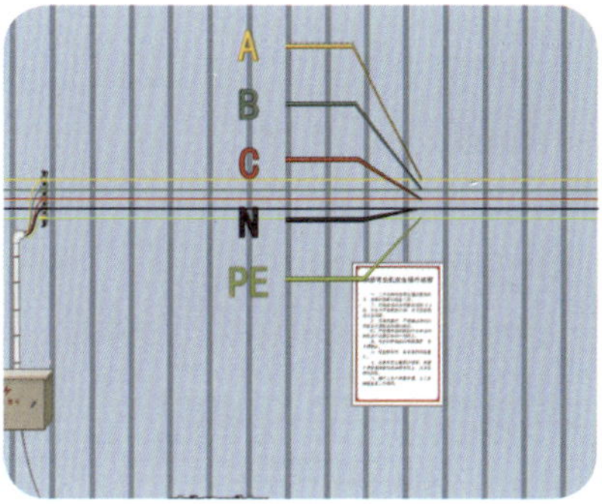

配电线路和电器遵守“三相五线”制

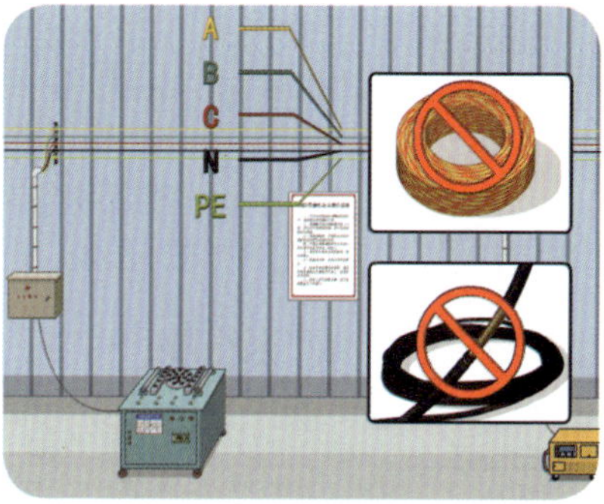

禁止使用花线、老化线

通道电缆应架空或穿硬管防护埋地敷设，架空高度不得小于6m，埋地电缆应符合相关规定。

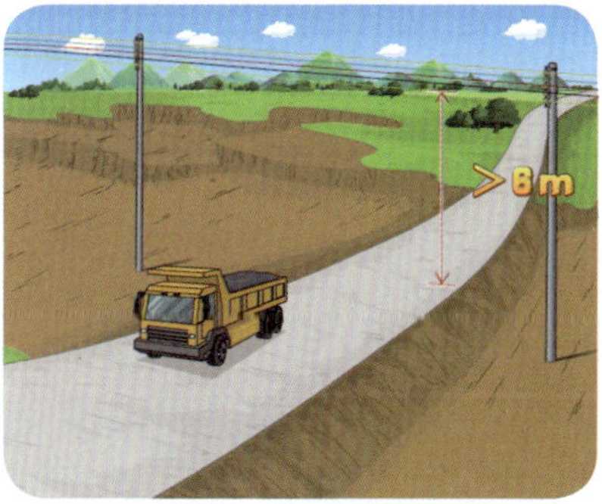

架空高度不小于6m

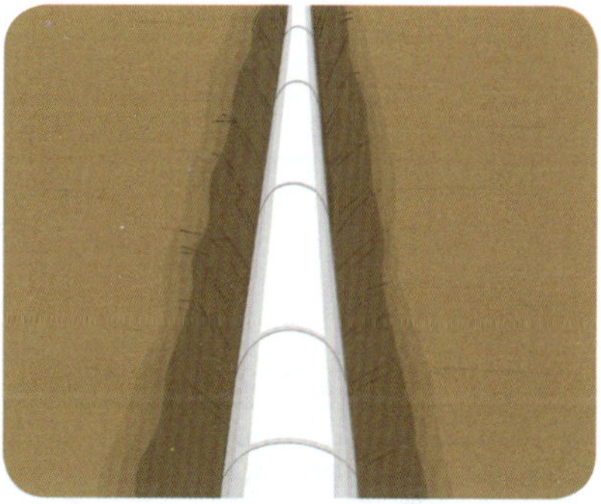

埋地电缆应符合相关规定

线路如有残缺，应用绝缘材料进行包裹。

现场架设的临时线路必须用绝缘物支持，不得将电线缠绕在钢筋、树木或脚手架上。

残缺线路用绝缘材料包裹

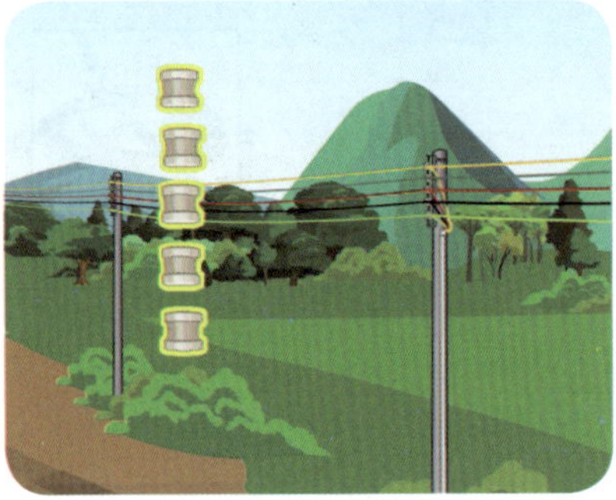

临时线路须用绝缘物支持

不得将电线缠绕在钢筋、树木或脚手架上

15.4 潮湿作业

潮湿作业现场照明须使用36V及以下安全电压。潮湿现场电工带电作业，必须使用个人绝缘防护用品，地面铺设绝缘垫，并设专人监护并做好绝缘措施 。

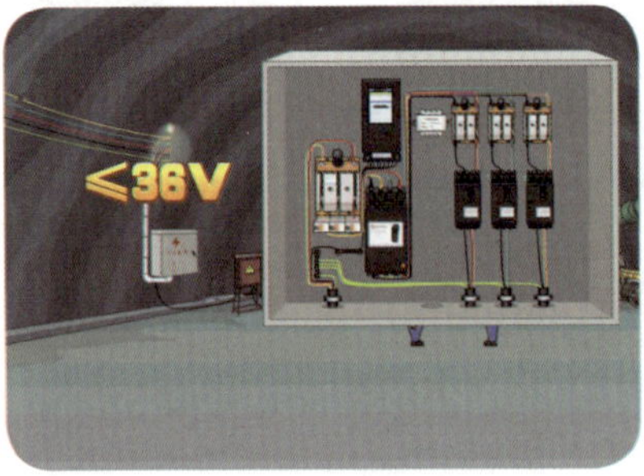

潮湿作业现场照明须使用36V及以下安全电压

潮湿现场带电作业设专人监护并做好绝缘措施

16 起重吊装作业

16.1 检验合格证

起重设备使用前应取得检验检测合格证，并在安全检验合格有效期内使用，安全检验合格标志应悬挂在设备醒目位置。

起重设备应取得检验检测合格证，并在有效期内使用

安全检验合格标志应悬挂在设备醒目位置

16.2 塔吊基础

塔吊基础应进行验算并报监理单位审批，基础施工必须符合设计及规范要求。

塔吊基础应进行验算

报监理单位审批

16.3 轨道起重机

轨道式起重机应有行走跑车行程开关、卷扬机防冲顶行程开关、轨道端头挡铁等有效限位或保险装置，未作业时使用夹轨钳。轨道安装必须牢固、顺直、平顺。

应有行走跑车行程开关

应有卷扬机防冲顶行程开关

应有轨道端头挡铁

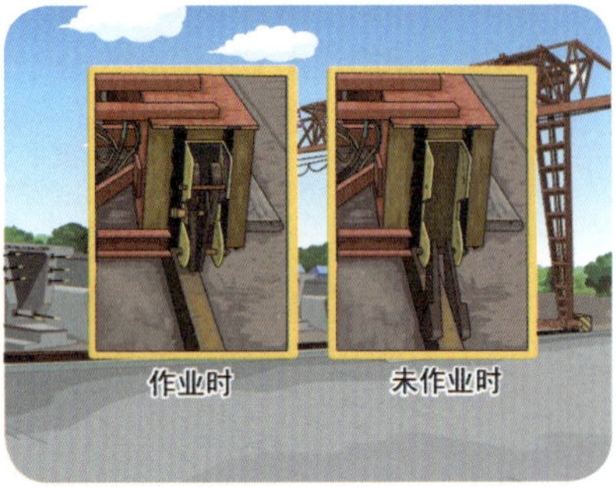

应有保险装置

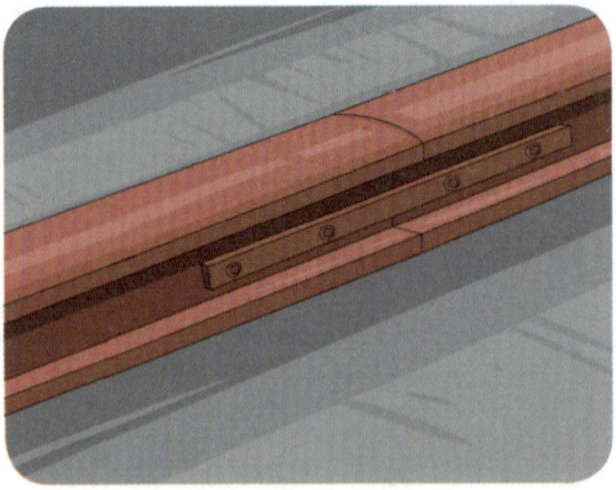

轨道安装必须牢固、顺直、平顺

16.4 垂直升降设备

垂直升降设备架体附着装置必须稳定牢固。垂直升降设备吊笼出入口应设置防护设施。

架体附着装置必须稳定牢固

吊笼出入口应设置防护设施

电梯底笼周围2.5m范围内，必须设置稳固的防护栏杆，各停靠层的过桥和运输通道应平整牢固，出入口的栏杆应安全可靠。

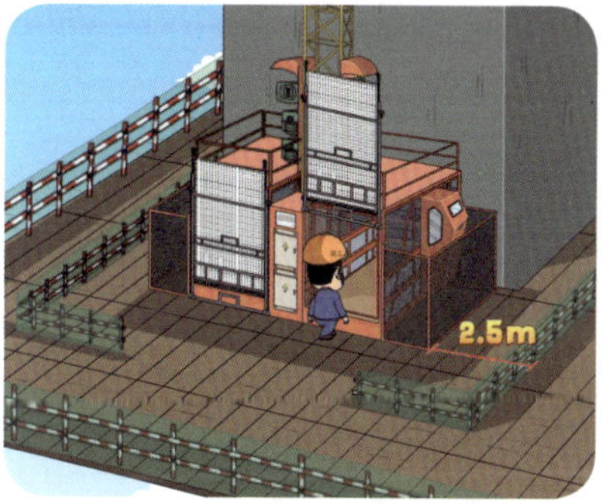

电梯底笼周围2.5m范围内，须设稳固的防护栏杆

过桥和出入口的栏杆应安全可靠

16.5 起重作业

设备承载不得超过额定承载重量。

起重作业时严禁使用起重设备运送人员；起重机在工作时，所有人员尽量避免站在起重臂回转索及区域内。

承载不得超过额定承载重量

严禁使用起重设备运送人员

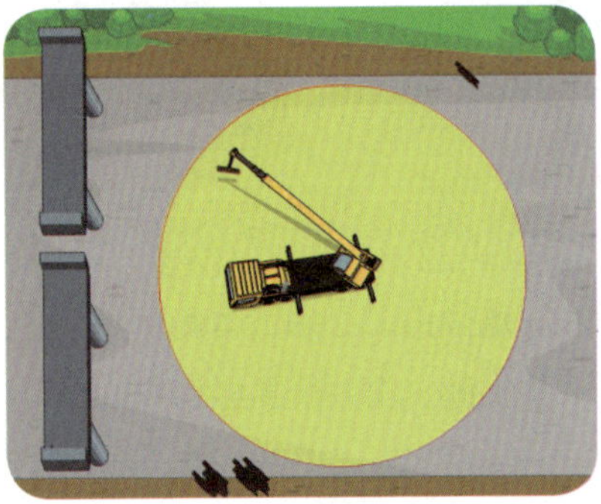

避免站在起重臂回转索及区域内

起重臂下严禁站人，装吊人员在挂钩后应及时站到安全地区。禁止在吊运重物上站人或对吊挂着的重物进行加工。在停工或休息时，严禁将重物悬挂在空中。

起重臂下严禁站人

禁止在吊运重物上站人

禁止对吊挂着的重物进行加工

停工时严禁将重物悬挂在空中

起重作业时，起重机驾驶员与信号员应按各种规定的手势或信号进行联络，驾驶员应与信号员密切配合，服从信号员的指挥，驾驶员和信号员不得随意离开工作岗位。在起重作业发生危险时，无论是谁发出的紧急停车信号，驾驶员应立即停车。

起重机驾驶员与信号员按规定的手势或信号进行联络

服从信号员的指挥

驾驶员和信号员不得随意离开工作岗位

任意员工都有义务指出安全隐患

16.6 持证上岗

起重作业人员（特种机械操作工、司索工、信号工）要取得国家统一格式的特种作业人员证书，方可从事相应的作业工作。

起重作业人员要取得特种操作证书

17 高处作业

17.1 基本要求

相对高度超过2m的垂直作业均为高处作业，特别是6m以上的边坡施工。24m及以上的落地式钢管脚手架施工、30m以上的高空作业要有相应的防护措施。

相对高度超过2m的垂直作业均为高处作业

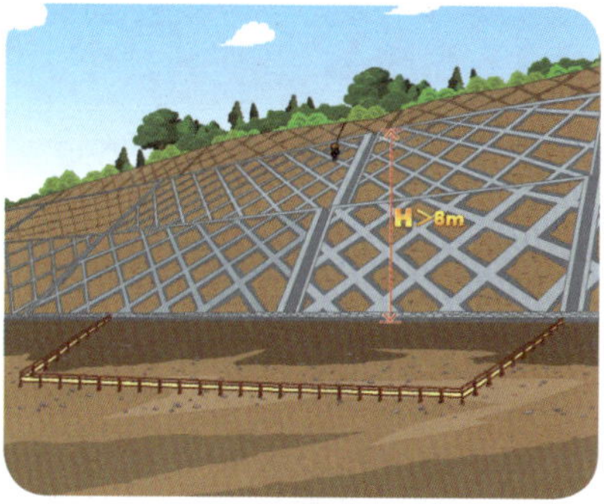

6m以上的边坡施工要有相应的防护措施

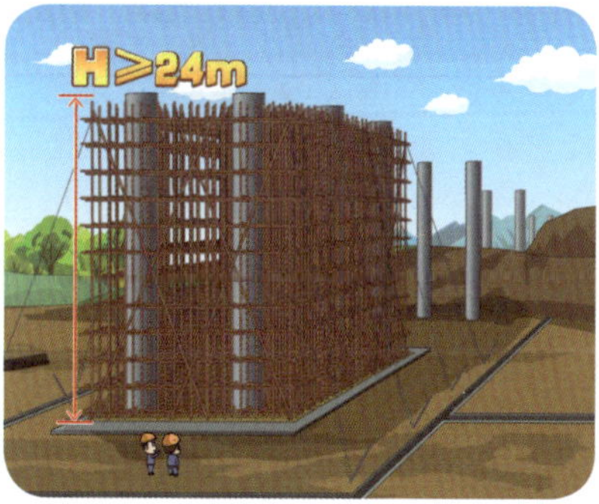

24m及以上的落地式钢管脚手架要有相应的防护措施

30m以上的高空作业要有相应的防护措施

高空作业区地面必须划出禁区，拉设警戒线或进行围蔽，并挂设“闲人免进”、“禁止通行”等警示牌，在高压线下作业必须有符合规范的安全距离。

高空作业时不得上下同时垂直作业，如确实需要，须采取隔离防护措施。

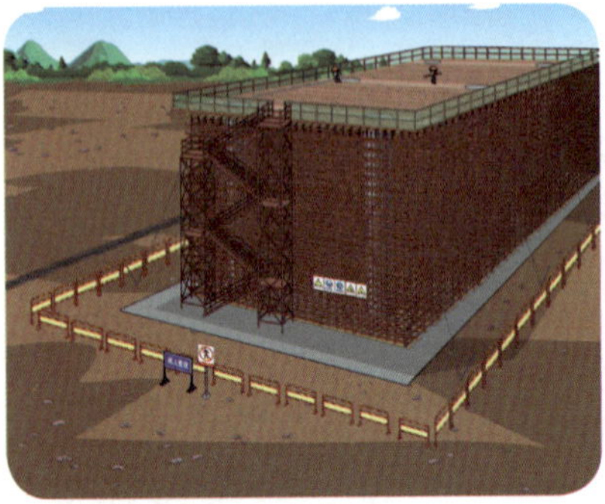

须划出禁区，拉设警戒线或进行围蔽

并挂设“闲人免进”、“禁止通行”等警示牌

高压线下作业须有符合要求的安全距离

上下同时垂直作业须采取隔离防护措施

专设通道或爬梯，并设密目式安全网

17.2 作业平台

作业平台脚手板必须满铺，并专设通道或爬梯，脚手架外侧设置密目式安全网。

临边作业时必须设置防护栏杆，高度为1.2m，栏杆由上下两道横杆（下横杆应设在立杆中位）、栏杆柱（柱距不得大于

2m）及挡脚板组成，挡脚板的高度不能低于30cm，栏杆的材料、立柱的固定、立柱与横杆的连接要有足够强度。

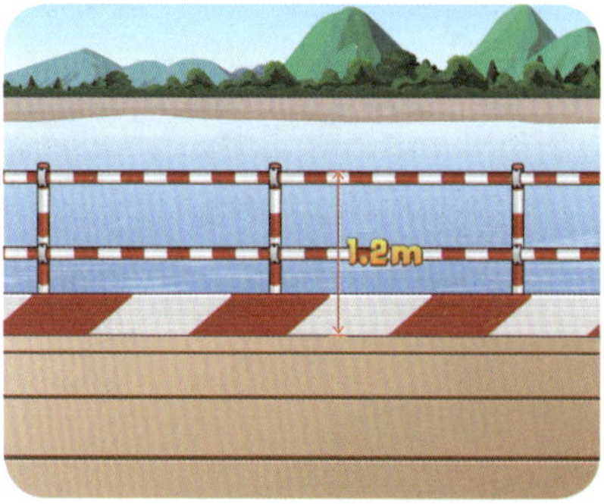

临边作业时须设防护栏杆，高度为1.2m

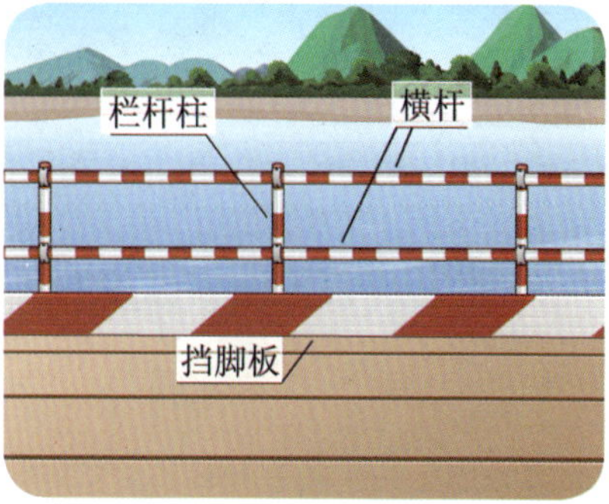

栏杆由上下两道横杆、栏杆柱及挡脚板组成

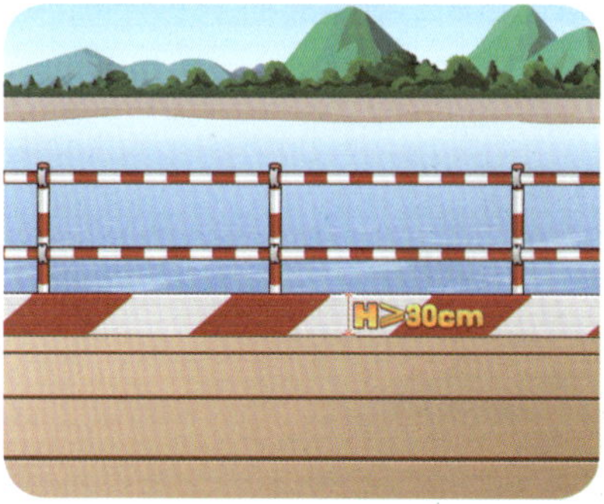

挡脚板的高度不低于30cm

栏杆的材料、立柱的固定要有足够强度

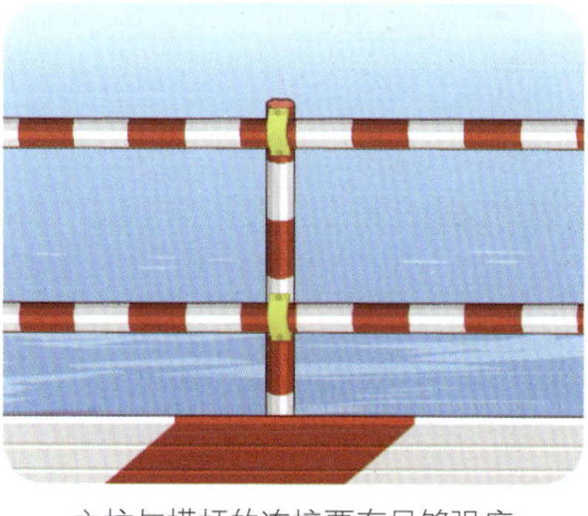

立柱与横杆的连接要有足够强度

对于洞口，根据具体情况采取设防护栏杆、挂安全网与装栅门，加盖板等措施。

洞口设防护栏杆、挂安全网

洞口加盖板

爬梯搭设须符合有关要求，保证搭设稳固，有足够的上下空间，并设置围栏和进行围蔽。

爬梯搭设须符合要求，搭设稳固

17.3 安全防护用品

高处作业人员安全带有牢靠悬挂点，安全防护用品齐全。

防护用品要穿戴整齐，裤脚要扎住，戴好安全帽，扎好安全带，要穿防滑鞋。

高处作业人员安全带有牢靠悬挂点

防护用品要穿戴整齐

在使用安全带时，应检查安全带的部件是否完整、有无损伤，金属配件的各种环不得是焊接件，边缘光滑，产品上应有“安鉴证”。

施工前检查所用的登高工具和安全用具（如安全帽、安全带、梯子、跳板、脚手架、防护板、安全网）必须安全可靠。

检查安全带的部件是否完整

产品上应有“安鉴证”

检查所用的登高工具和安全用具须安全可靠

18 路基工程

18.1 基坑防护

开挖深度超过2m时，其边缘上面作业视为高处作业，要设置警告标志。

深度不超过2m的，其边缘上面作业可采用1.2m高栏杆式防护，临边防护栏杆离基坑边口的距离不得小于50cm；深度超过2m的基坑施工还必须采用密目式安全网做封闭式防护。

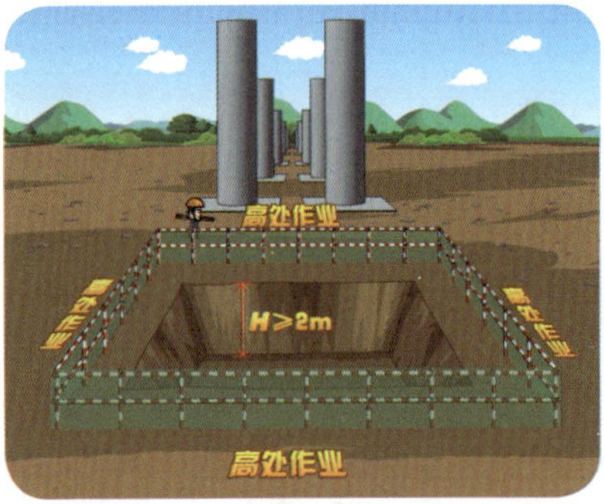

开挖深度超过2m的边缘上面作业视为高处作业

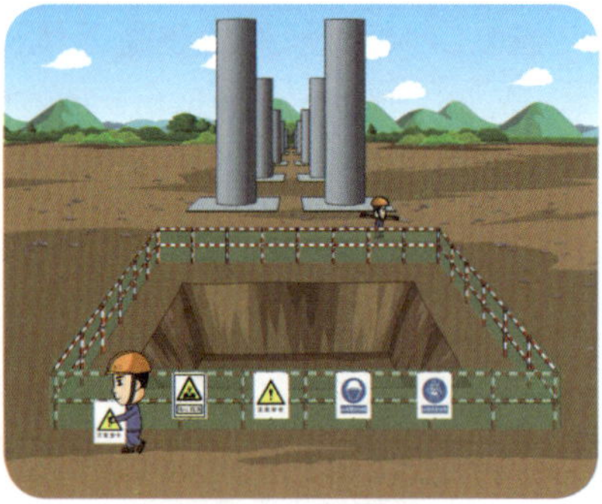

高处作业要设警告标志

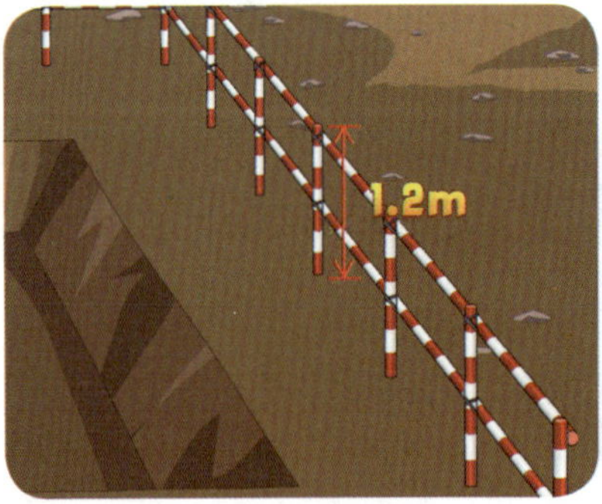

深度不超过2m，采用1.2m高栏杆式防护

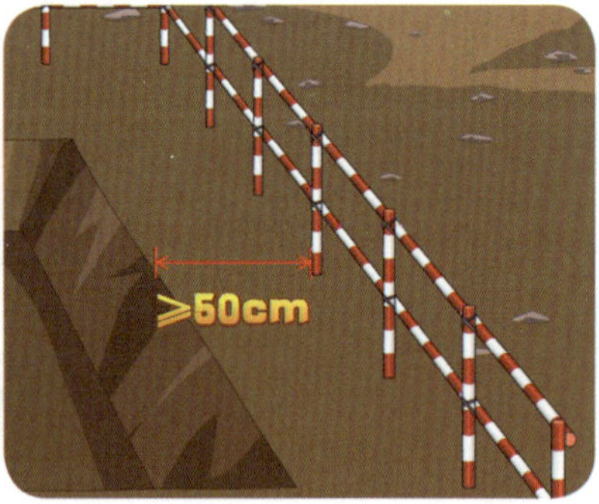

临边防护栏杆离基坑边口的距离不得小于50cm

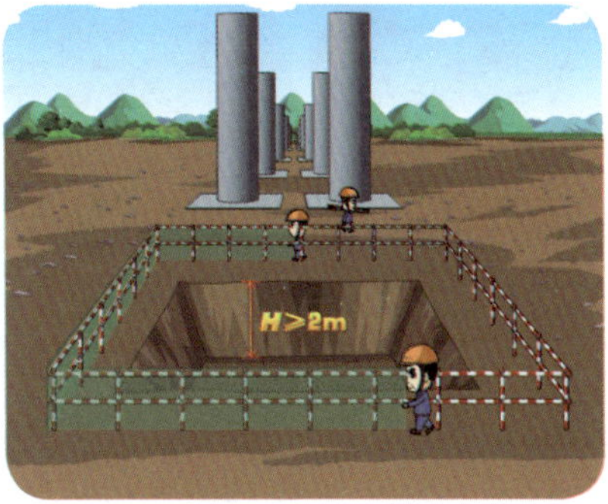

深度超过2m的基坑须采用密目式安全网

挖掘深度超过1.5m时，应根据土质情况进行放坡或支撑防护，人员上下有专用通道。开挖达到5m以上时，必须设专用爬梯；基坑内作业人员应有安全立足点；垂直作业上下应有隔离防护措施；光线不足的场所应设置足够的照明设施。

挖掘深度超过1.5m时，应分析土质情况

放坡或支撑防护

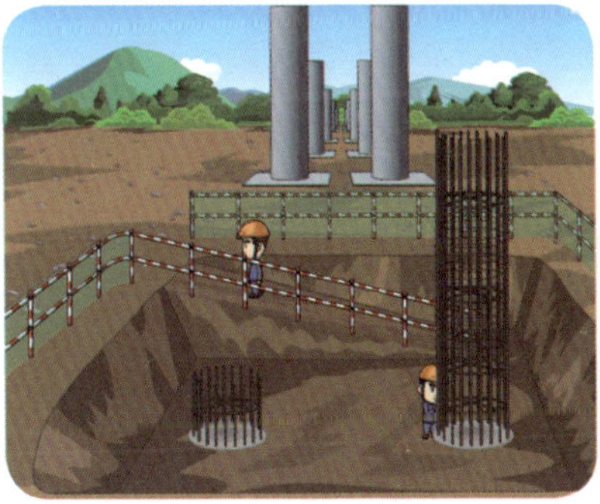
人员上下有专用通道

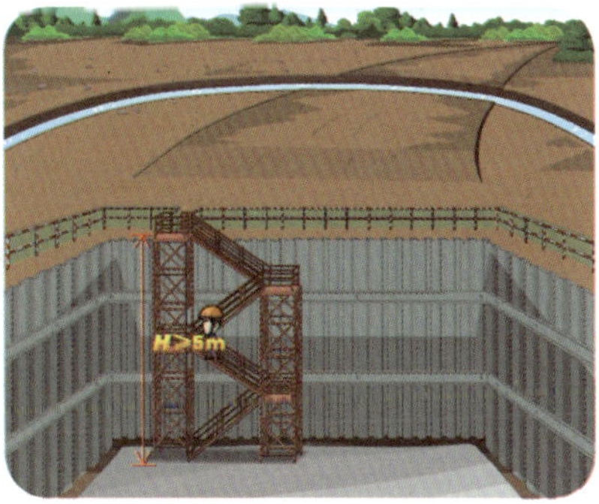

开挖达到5m以上时，须设专用爬梯

基坑内作业人员应有安全立足点

垂直作业上下应有隔离防护措施

18.2 高边坡作业

高陡边坡处施工作业人员必须绑系安全带、戴安全帽、穿防滑鞋等有效防护；严禁上、下双重作业，作业时下方危险区域严禁人员、机械设备通行、停留。

高陡边坡处作业人员必须做好安全防护

严禁上、下双重作业

作业时危险区域严禁人员、机械设备通行、停留

18.3 石方爆破

石方爆破作业，以及爆破器材的管理、加工、运输、检验等工作应严格遵守国家爆破安全规程，并主动接受公安部门的监督管理。

爆破器材的管理、加工、运输和检验

主动接受公安部门的监督管理

爆破作业现场应进行安全区域警戒，爆破前要设置好岗哨，一切人员须撤离危险区域，发出爆破信号以警示周边人员。

爆破前要进行安全区域警戒并设置好岗哨

一切人员须撤离危险区域

发出爆破信号以警示周边人员

炸药库的位置结构和设施，应报经公安部门审核批准，库房不得设置在有山洪、滑坡和地下水活动等危害地带，应尽量利用山丘作天然屏障。

炸药库的位置应经公安部门审核批准

库房应尽量利用山丘作天然屏障

库区严禁烟火和使用明火、灯泡

库区严禁烟火和使用明火照明，严禁用灯泡烘烤爆破器材；严禁存放与爆破器材管理工作无关的工具和杂物；必须设专人昼夜警卫，加强巡逻，严禁无关人员进入库区。

严禁存放杂物

须设专人昼夜警卫，加强巡逻

必须建立爆破器材收、发制度及流水账、三联式领用单和退料单制度，定期核对账，爆破器材应按其出厂时间和有效期的先后顺序发放使用；发放工作应在单独的发放房间里进行，严禁在储存爆破器材的库房里发放。

须建立爆破器材收、发制度

流水账、三联式领用单和退料单制度

定期核对账

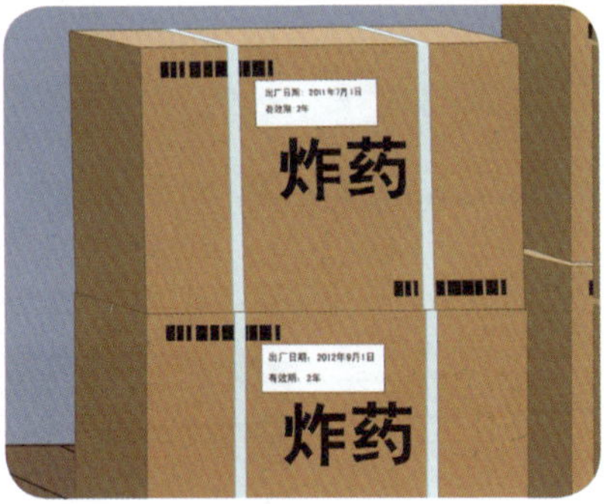

按有效期的先后顺序发放使用

发放工作应在单独的发放房间里进行

19 路面工程

19.1 洒布车（机）作业

洒布车（机）施工现场的障碍物应清除干净，洒布车（机）工作地段应设专人警戒，洒油时作业范围内不得有人，施工现场严禁使用明火。

洒布车（机）施工现场的障碍物应清除干净

应设专人警戒(范围内不得有人)

施工现场严禁使用明火

19.2 交通安全

施工现场必须做好交通管制工作。施工临时出入口、交通路口、交岔路口、危险地段、运料车途经的村道、便道按规定设置限速、警示标识牌以及导向牌，并设专人指挥和管理。

施工现场应进行封闭，严禁无关车辆和人员入内。

施工现场须做好交通管制工作

临时出入口的警示标识牌

危险地段的警示标识牌

专人指挥和管理

施工现场应进行封闭

19.3 夜间施工

夜间施工路口、村庄附近应设置警示反光标志或照明灯具等，灯光必须明亮，照明须设专人管理。

设置警示反光标志或照明灯具

灯光须明亮满足要求，由专业电工管理

19.4 安全防护用品

现场操作人员必须按规定佩戴防护用具。有毒、易燃的燃料、填缝材料操作时，防毒防火等应按有关规定严格执行。

现场操作人员须佩戴防护用具

防毒防火等应按有关规定严格执行

20 桥梁工程

20.1 模板支架

大型模板、支架和脚手架安装与拆除严格执行施工规范或施工专项方案。

专项施工方案须经中标单位技术负责人签认、专家评审和总监办审批。

支架的地基与基础设计应符合现行行业标准《公路桥涵地基与基础设计规范》（JTG D63–2007）的规定，并应对地基承载力进行计算，支架的地基经检测承载力达到设计标准方可投入使用。

大型模板

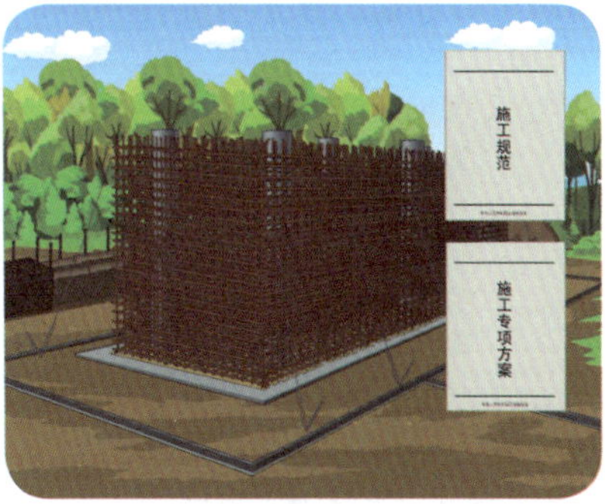

支架和脚手架

专项施工方案经单位技术负责人签认、专家评审和总监办审批

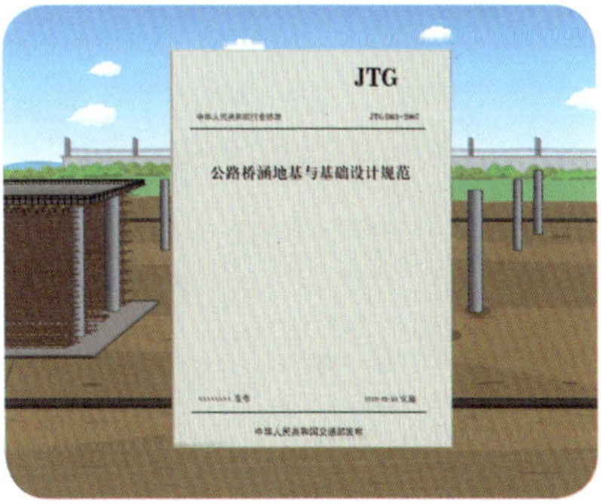

支架的地基与基础设计符合现行行业标准规定

支架的地基承载力达到设计标准方可使用

采用定型钢管脚手架作为支架材料时，支架的设计应分别符合现行行业标准《建筑施工碗扣式钢管脚手架安全技术规范》（JGJ 166—2008）、《建筑施工门式钢管脚手架安全技术规范》（JGJ 128—2010）或《建筑施工扣件式钢管脚手架安全技术规范》（JGJ 130—2011）的规定。脚手架按规定设立剪刀撑、扫地杆。脚手架10m以上设置缆风绳。

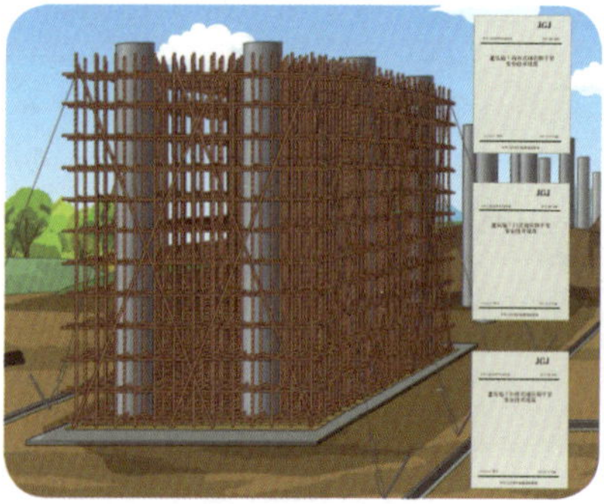

定型钢管支架的设计应分别符合现行行业标准的规定

脚手架按规定设立剪刀撑

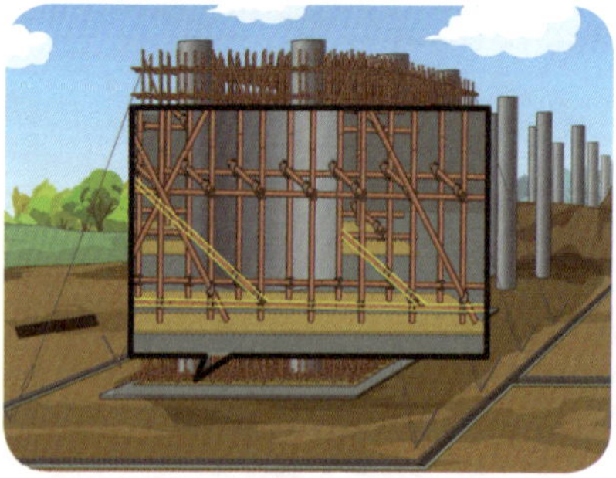

脚手架按规定设立扫地杆

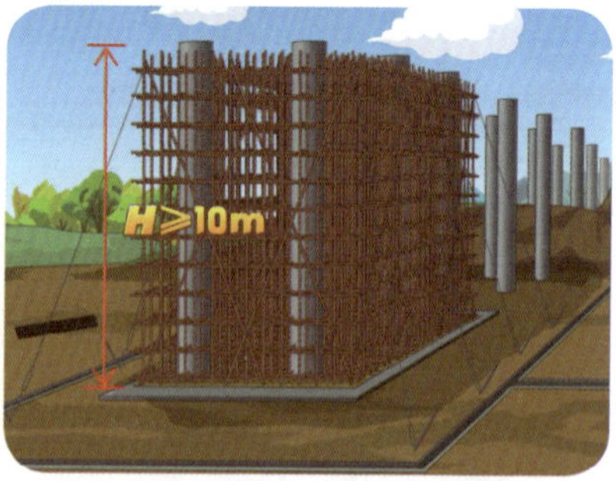

脚手架10m以上设置缆风绳

支架的地基场地应设置通畅的排水系统。地基场地场区及四周要做好排水措施，设置排水沟或下水道，保证排水畅通。

支架的地基场地应设通畅的排水系统

设排水沟或下水道，排水畅通

所有支架都必须经预压，方可投入使用。预压加载的顺序和重量应符合施工方案要求，并检查加载量测数据、弹性变形量，非弹性变形量记录表；监控做好预压过程的观测，形成报告。

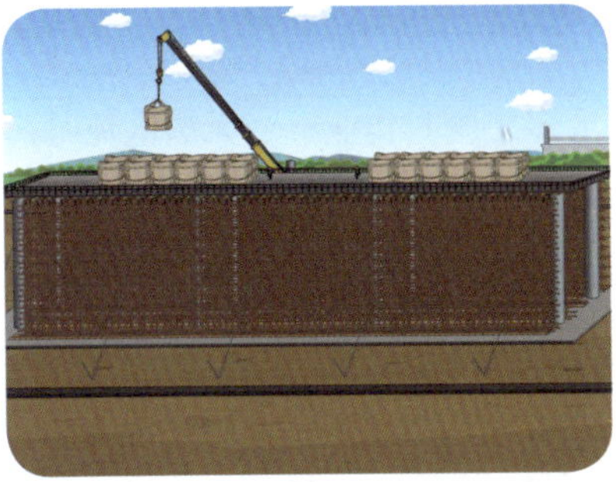

支架都须经预压，方可投入使用

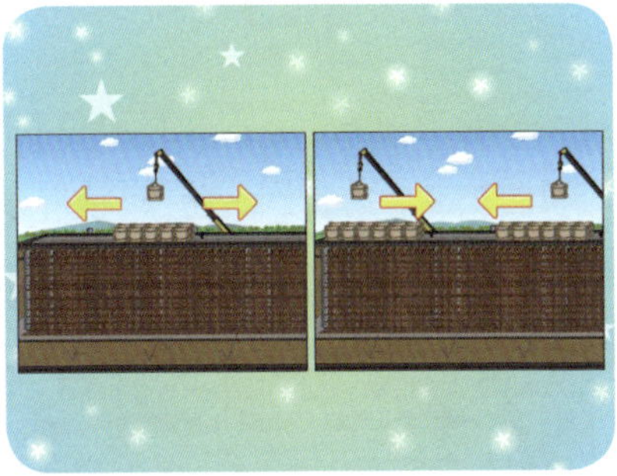

预压加载顺序和重量应符合施工方案要求

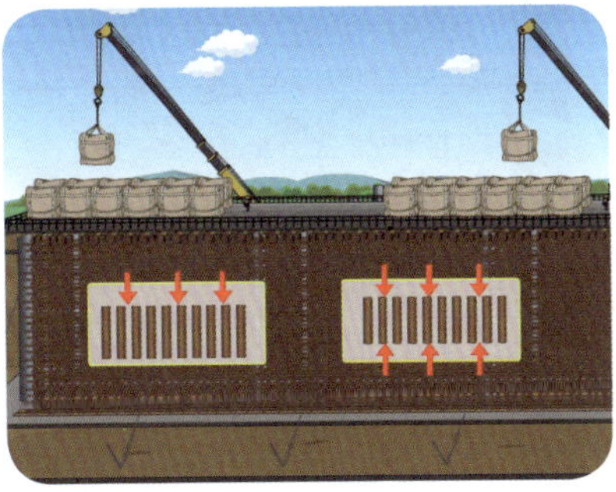

弹性变形量，非弹性变形量记录表

监控预压过程的观测

20.2 模板存放

大型模板存放有防倾倒措施，应分类堆放整齐、堆放高度宜2m以内，四周应支护围挡牢靠。

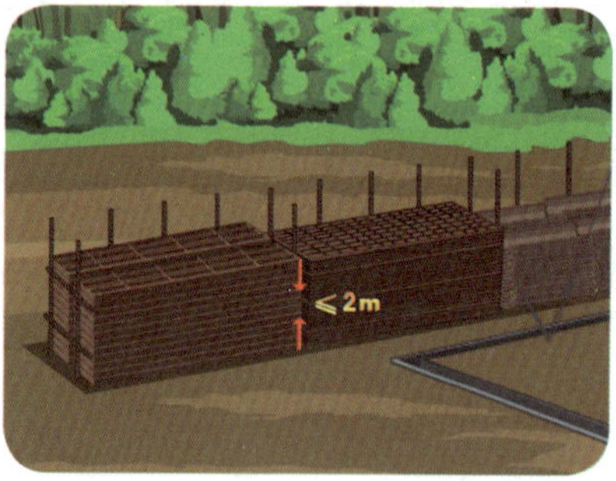

大型模板堆放高度宜2m以内，并应围挡牢靠

20.3 立体交叉作业

桥涵工程施工，应尽量避免双层或多层同时作业；当无法避免时，应设防护棚、防护网、防撞装置，并张贴醒目的警示标志、信号等。

桥涵施工尽量避免双层或多层同时作业

做好防护措施，并张贴醒目的警示标志、信号等

20.4 桩基施工

桩基施工孔口均应设置护筒顶盖或铺设安全防护网，暂停施工的桩

孔，应加盖板封闭孔口，并加1.2m高的围栏围蔽。

孔口均应设置护筒顶盖或铺设安全防护网

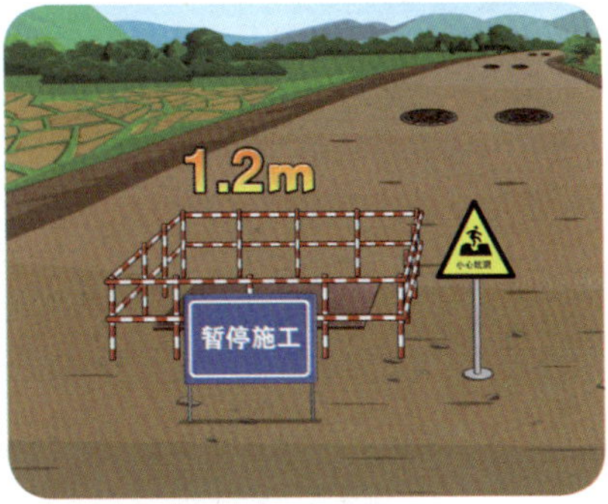

暂停施工应用盖板封闭孔口，并加1.2m高的围栏

人工挖孔桩深度超过10m时，地面应配备向孔内送风的专门设备，孔底凿岩时尚应加大送风量。

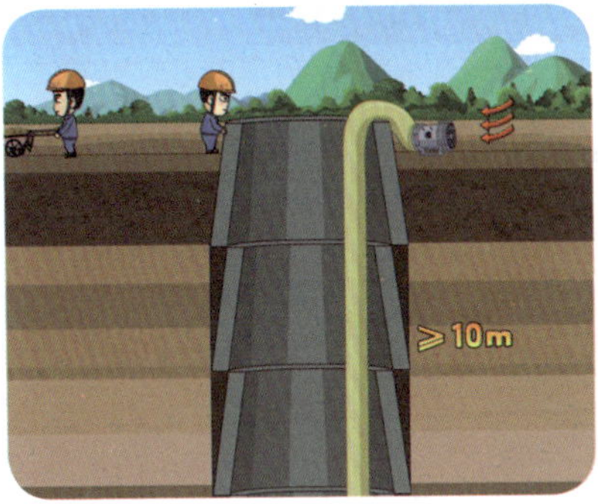

挖孔桩深度超过10m时，配备向孔内送风的设备

孔底凿岩时尚应加大送风量

20.5 高处作业

高处作业施工，脚手架、作业平台、防护栏、上下梯道、安全网等安全防护设施必须齐备；高墩作业场地必须硬化、封闭作业区域；索塔、立柱施工过程中，必须按规定设置施工电梯；悬索桥施工中，临时工作索、牵引索、防护围栏设置须符合规定。

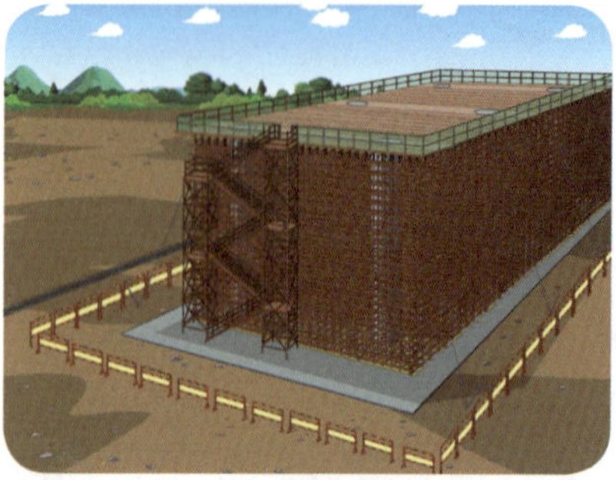

脚手架、作业平台等安全防护设施须齐备

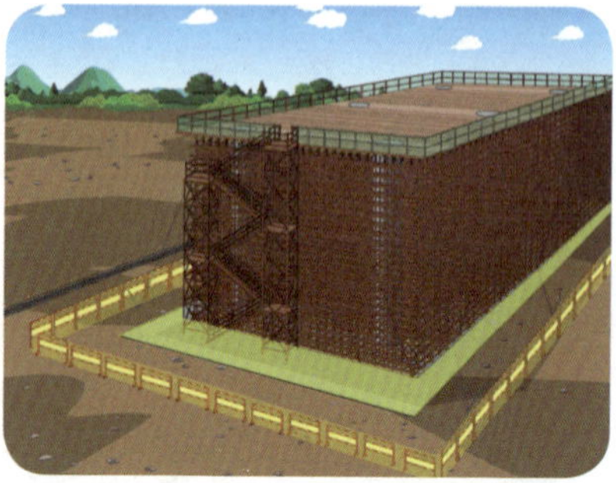

高墩作业场地须硬化、封闭作业区域

索塔、立柱施工中，须按规定设置施工电梯

临时工作索、牵引索、防护围栏

20.6 跨线桥

对上面作业、下面通行车辆或行人的跨越铁路或公路立交桥施工时，除设置防护设施外，还应设岗哨监视管理。

跨越铁路或公路立交桥施工要设岗哨

20.7 水上作业

水上作业应符合安全规定，配置救生设施和消防器具；水上作业人员必须穿好救生衣，同时凡进行舷边等防护不严密等水上作业行为时，作业人员必须穿戴好救生防护用品；水上平台、船舶等临边应安装合乎要求的护栏，孔洞全面覆盖；配备应急救生圈、安全绳及应急救生船只。

水上作业配置救生设施和消防器具

水上作业人员须穿好救生衣

水上平台应安装护栏，孔洞全面覆盖

配备应急救生圈、安全绳及应急救生船只

21 隧道工程

21.1 设施布置

对风、水、电路等设施应做出统一安排，规范设置。

高压风水管和通风管设在隧道同侧，高压风水管安装在离相对地面0.4m的位置，当掘进深度超过100m时，应设置通风设施。

风、水、电路等设施应统一安排，规范设置

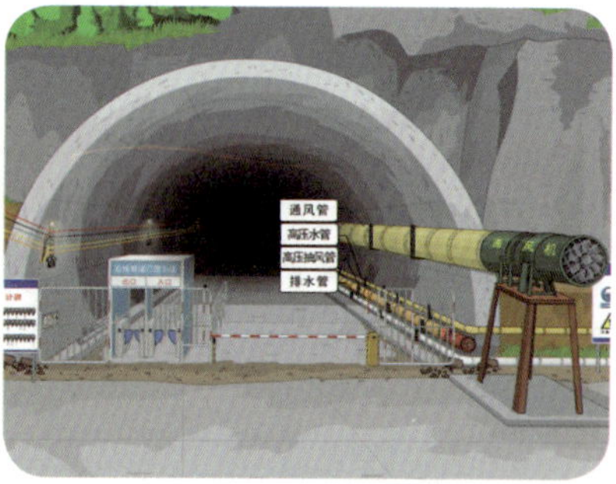

高压风水管和通风管设在隧道同侧

高压风水管安装在离相对地面0.4m的位置

掘进深度超过100m时，应设通风设施

电力线、照明线安装在隧道的另一侧，动力、照明电箱应分开设置，当受条件所限合并设置为同一配电箱时，动力和照明应分电路配电，线间距10cm，离地面2.5m，高压线离地面3.5m以上。

电力线、照明线安装在隧道的另一侧

动力、照明电箱应分开设置

并为同一配电箱时，动力和照明应分电路配电

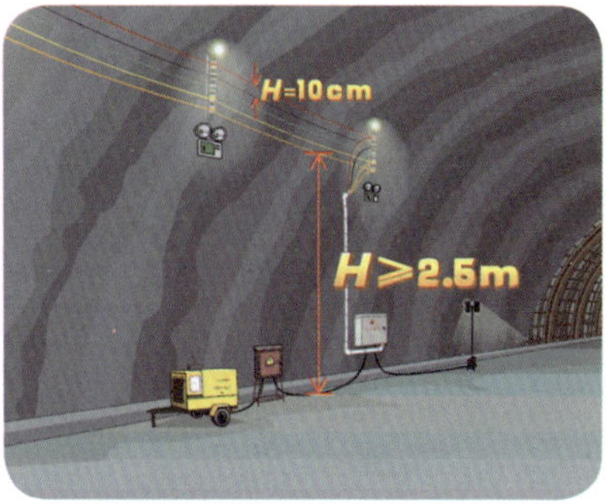

线间距10cm，离地面2.5m

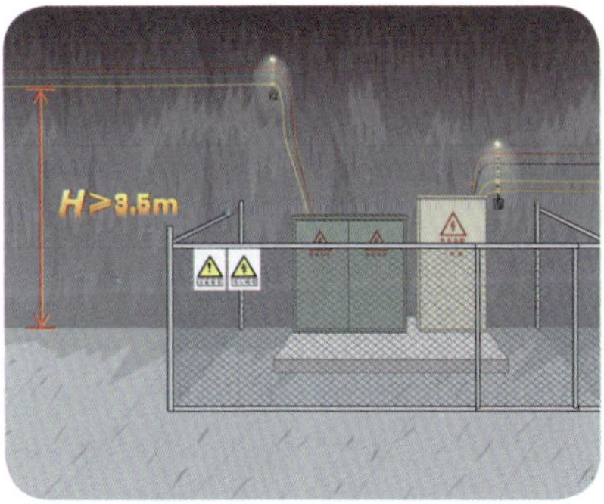

高压线离地面3.5m以上

各种电箱、用电设备、变压器等应设在安全、无积水、干燥、围岩稳定、无漏水处；变压器周围设置防护栏。

用电设备应设在安全、无积水、干燥处

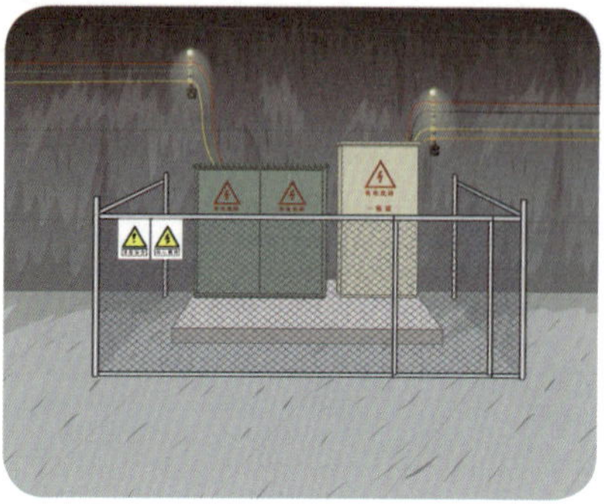

变压器周围设置防护栏

洞内临时用电采用三相五线制、三级配电二级漏电保护的配电方法配电，开关箱按“一箱一机一闸一漏”的要求设置，漏电开关漏电动作电流小于30mA。

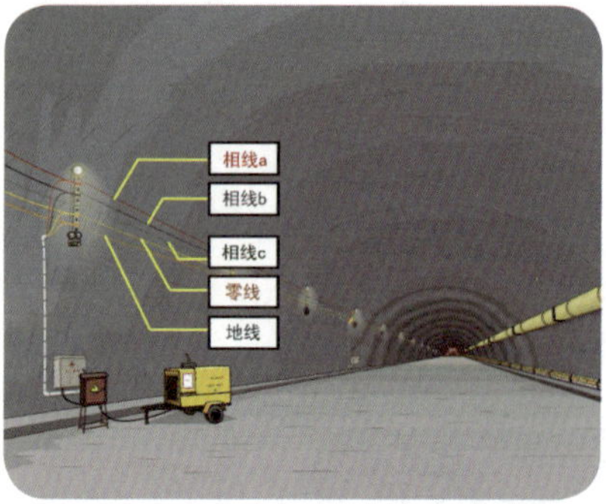

洞内临时用电采用三相五线制

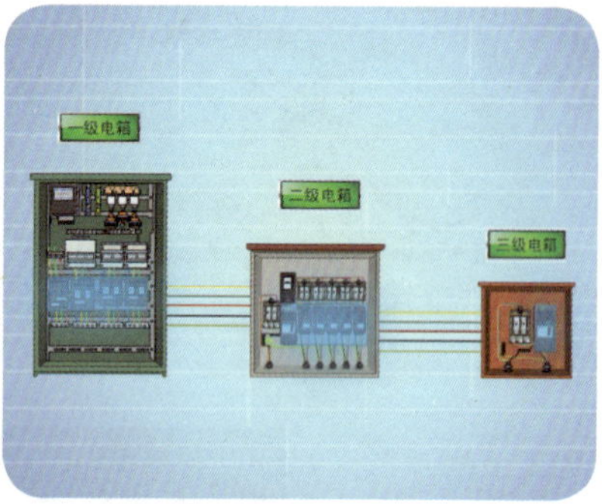

三级配电二级漏电保护的配电方法

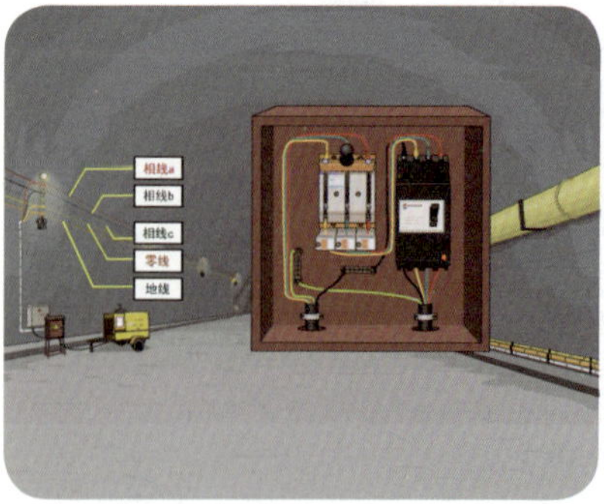

开关箱按“一箱一机一闸一漏”的要求设置

漏电开关漏电动作电流小于30mA

施工作业段照明应采用不超过36V的低压电源，分配电箱与开关箱的距离不得超过30m，开关箱与其控制的固定式用电设备的水平距离不宜超过3m。

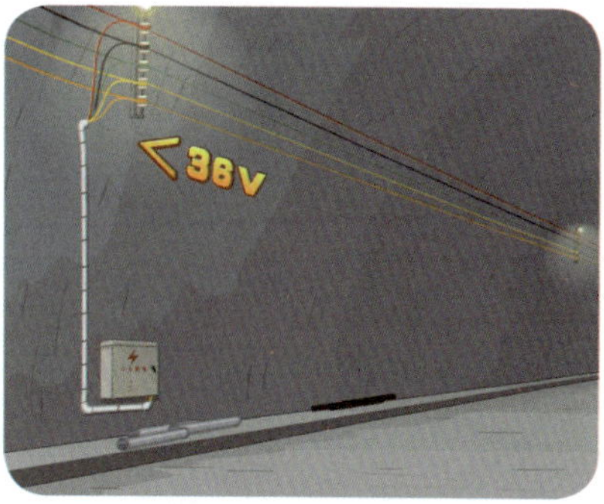

施工作业段照明应采用不超过36V的低压电源

分配电箱与开关箱的距离不得超过30m

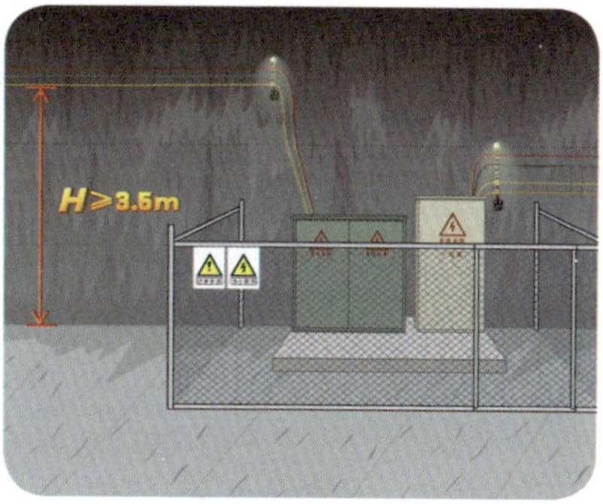

高压线离地面3.5m以上

成洞段每隔10～20m设置一盏60W照明灯，未成洞段每隔6~10m设一盏60W照明灯（灯箱），并设应急灯，照明灯高度不小于2.5m。

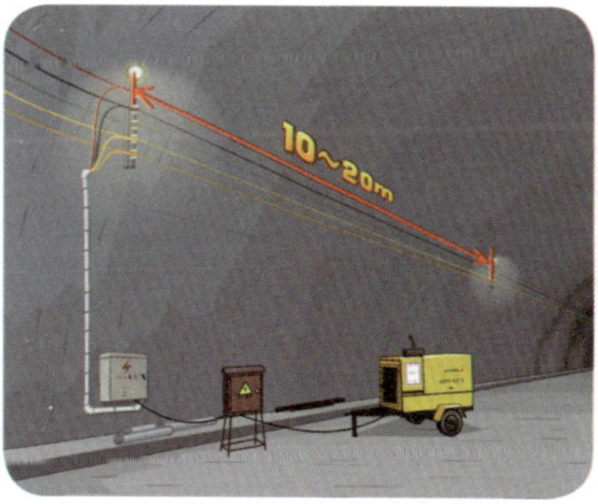

成洞段每隔10～20m设置一盏60W照明灯

未成洞段每隔6～10m设一盏60W照明灯

未成洞段应设应急灯

照明灯高度不小于2.5m

进洞前，洞口应设有截水沟（天沟、边沟），边（仰）坡防护无开裂、掉块等现场，洞口上方无可能滑塌的土方、灌木、危石。

洞口应设有截水沟（天沟、边沟）

边（仰）坡防护无开裂、掉块等现象

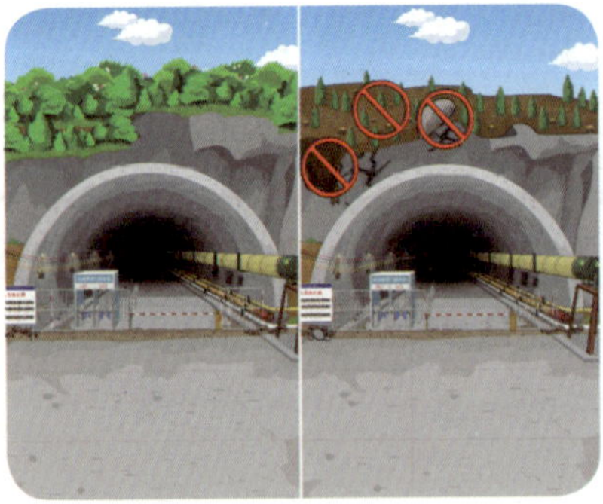

洞口上方无可能滑塌的土方、灌木、危石

洞内施工时，启动风机，风管无破损，送风口距掌子面距离宜在20m之内。

洞内施工时，启动风机

送风口距掌子面距离宜在20m之内

在吹入式的出风口，宜放置喷雾器。

在吹入式的出风口，宜放置喷雾器

21.2 进出隧道登记

建立完善的交接班制度，隧道洞口有交接班记录；隧道外（洞口、斜井、竖井）设置各种操作规程牌、制度牌、标志牌。洞口设置门禁系统，有值班人员，人员进出登记。洞口有限速度标志、防火标志等。

建立完善的交接班制度，有交接班记录

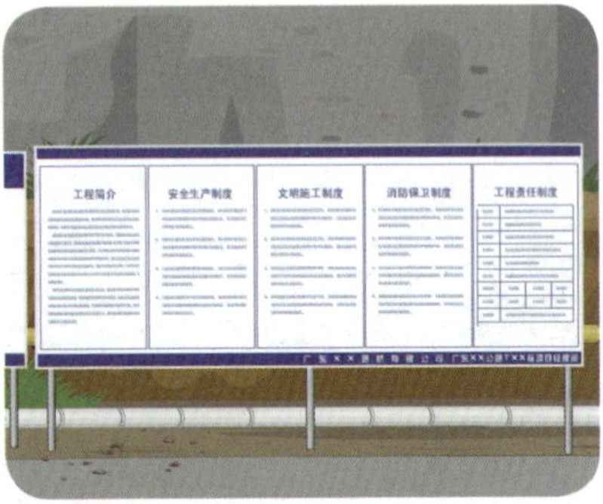

隧道外设置操作规程牌、制度牌、标志牌

洞口设置门禁系统

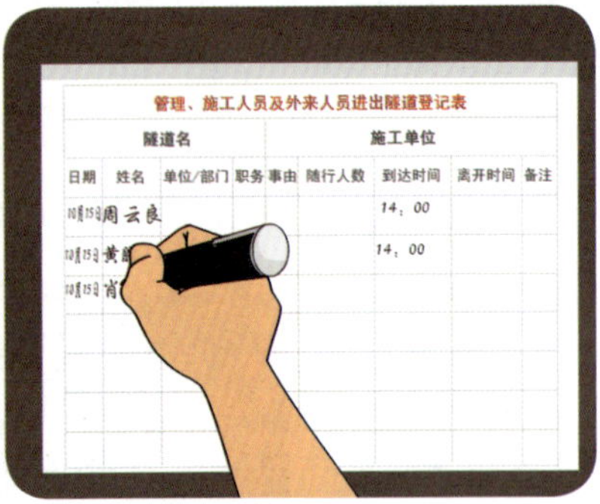

有值班人员，人员进出登记

洞口有限速度标志、防火标志等

21.3 炸药库

隧道石方爆破作业，以及爆破器材的管理、加工、运输、检验等工作应严格遵守国家爆破安全规程，主动接受公安部门的监督管理。

炸药库要有防爆、防雷、防静电、防盗和防鼠措施；建立爆破器材的进库、领发、回收退库登记记录。

石方爆破作业

爆破器材工序严格遵守国家爆破安全规程

主动接受公安部门的监督管理

炸药库要防爆、防雷、防静电

炸药库要防盗和防鼠

建立爆破器材的进库、领发、回收退库登记记录

炸药库的位置结构和设施，应报经公安部门审核批准，库房不得设置在有山洪、滑坡和地下水活动等危害地带，应尽量利用山丘作天然屏障。

炸药库的位置结构经公安部门审核批准

库房应利用山丘作天然屏障

库区严禁烟火和使用明火照明，严禁用灯泡烘烤爆破器材；严禁存放与爆破器材管理工作无关的工具和杂物；必须设专人昼夜警卫，加强巡逻，严禁无关人员进入库区。

库区严禁烟火和使用明火、灯泡

严禁存放杂物

须设专人昼夜警卫，加强巡逻

必须建立爆破器材收、发制度及流水账、三联式领用单和退料单制度，定期核对账，爆破器材应按其出厂时间和有效期的先后顺序发放使用；发放工作应在单独的发放房间里进行，严禁在储存爆破器材的库房里发放。

须建立爆破器材收、发制度

流水账、三联式领用单和退料单制度

定期核对账

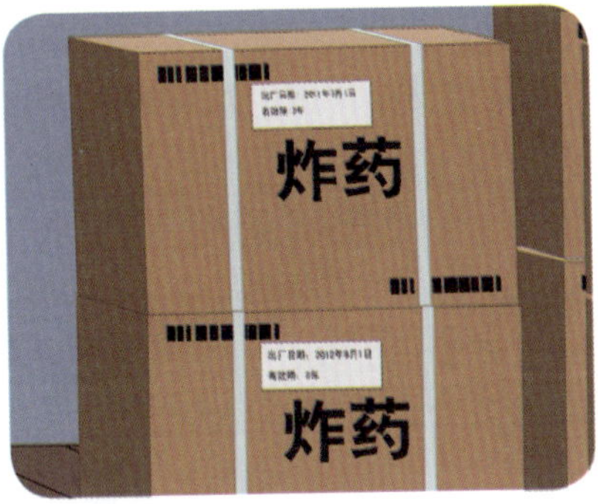

按有效期的先后顺序发放使用

发放工作应在单独的发放房间里进行

21.4 爆破作业

洞内爆破必须统一指挥，并由经过专业培训且持有爆破操作合格证的专业爆破人员进行作业。

洞内爆破须统一指挥

由持有爆破操作合格证的专业爆破人员进行作业

爆破作业现场应进行安全区域警戒，爆破前要设置好岗哨，一切人员须撤离危险区域，发出爆破信号以警示周边人员。

爆破作业现场进行安全区域警戒，设置岗哨

一切人员须撤离危险区域

发出爆破信号以警示周边人员

21.5 洞内运输

洞内运输应设专门指挥员，人料不得混载。作业人员不追车、不强行搭车，材料运输车辆料斗、铲车斗等不得载人，不得站在铲斗上作业。

洞内运输设专门指挥员

人料不得混载

作业人员不追车、不强行搭车

材料运输车辆料斗、铲车斗等不得载人

不得站在铲斗上作业

洞内行车速度应不大于10km/h，运输车辆前后两车至少保持20m距离，行车道应平整、无杂物、畅通。

洞内车时速应不大于10km

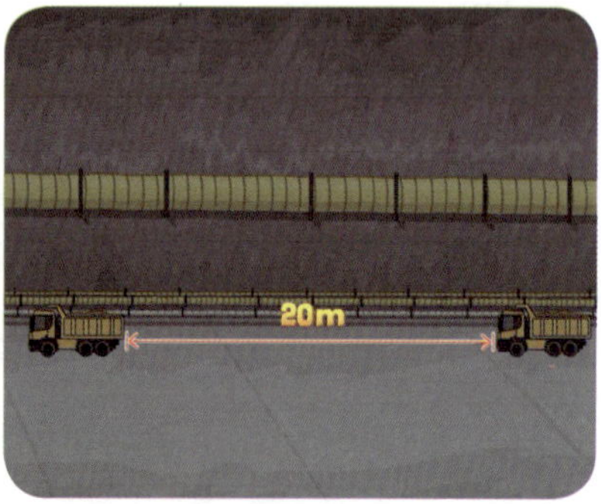

车辆前后两车至少保持20m距离

21.6 定期检查

施工期间，现场施工负责人应会同有关人员对支护各部位定期检查，当发现支护变异或损坏时，应立即整修加固，变异或损坏情况严重时，应先将施工人员撤离现场，再进行加固。有不良地质情况时，必须采取有效预防措施。

现场负责人会同有关人员对支护各部位定期检查

发现支护变异或损坏时，立即整修加固

情况严重时应先将施工人员撤离现场

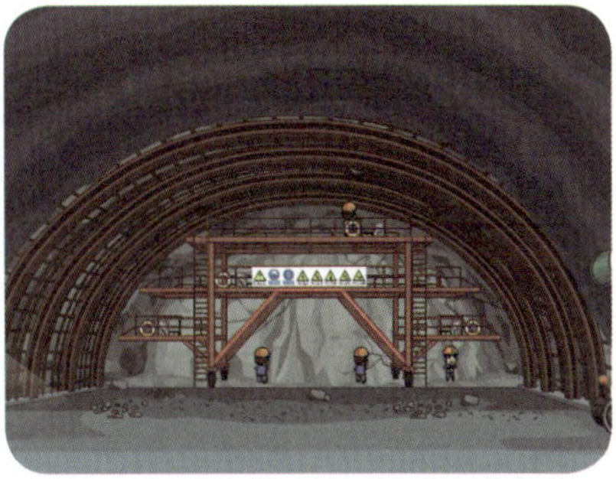

不良地质情况时须采取有效预防措施

21.7 初支防护

洞内支护，应随挖随支护，支护至开挖面的距离一般不得超过4m，地质状况不良地段支护紧跟不得超过1m，施工短期停工时，应将支撑直抵工作面。

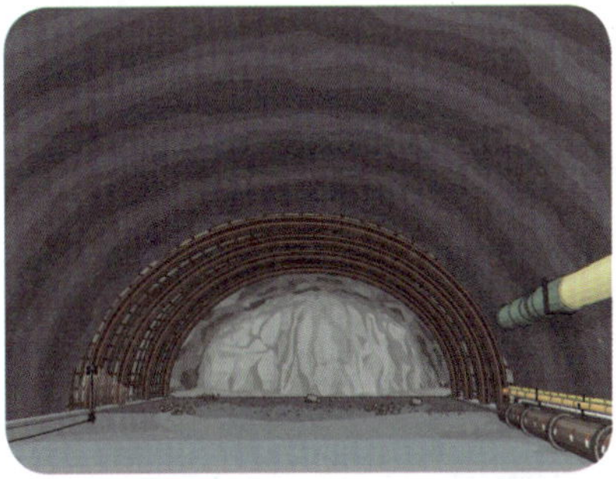

洞内支护，应随挖随支护

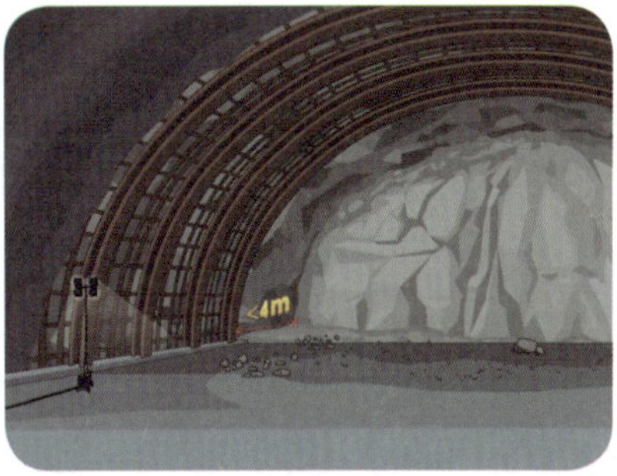

支护至开挖面的距离一般不得超过4m

地质状况不良地段支护紧跟不得超过1m

短期停工时，应将支撑直抵工作面

21.8 施工环境

隧道作业通风与照明、排水、防尘、瓦斯防治和有害气体的环境标准必须满足规范要求；洞内空气质量、风速、含尘量必须定期取样分析和检测。

有瓦斯的隧道，设专职瓦斯检查员并有每小时检测记录；机具、器材必须采用防爆型。

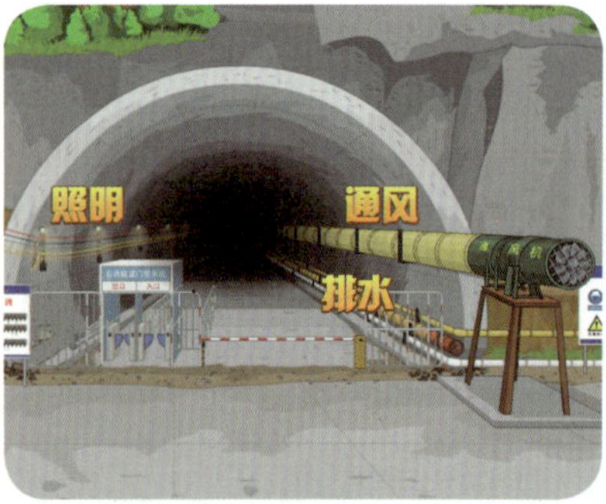

隧道作业通风、照明、排水满足要求

防尘、瓦斯防治和有害气体的环境标准须满足要求

洞内空气质量、风速等必须定期取样分析和检测

专职瓦斯检查员要有每小时检测记录

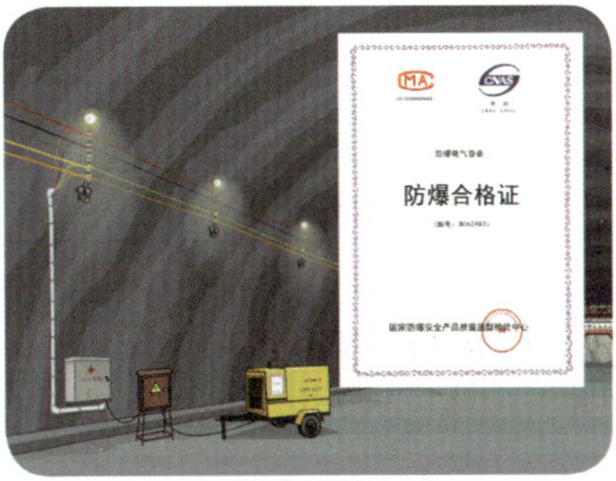

机具、器材必须采用防爆型

21.9 逃生管及送风系统

隧道开挖入洞50m必须设置逃生管及送风系统。

逃生管从成洞段开始设置，距离掌子面15~20m，逃生管的连接能用手拆除，管内保持通畅，管内无堵塞、无杂物。

入洞50m须设逃生管及送风系统

从成洞段开始设置，距离掌子面15~20m

逃生管的连接能用手拆除

管内保持通畅，管内无堵塞、无杂物

逃生管直径80cm；掌子面附近设救生衣（圈）、应急箱、灭火器等。

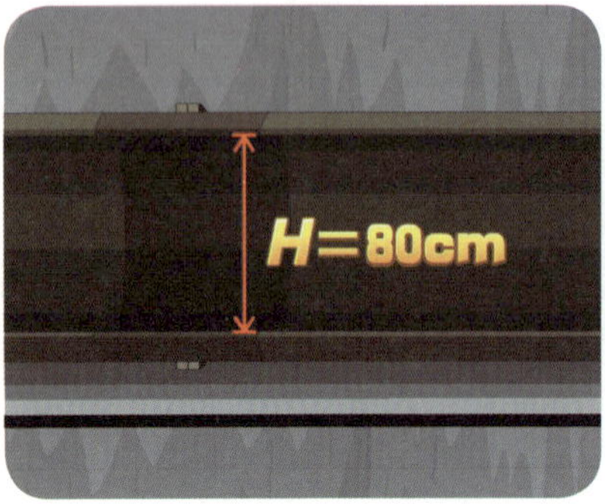

逃生管直径80cm

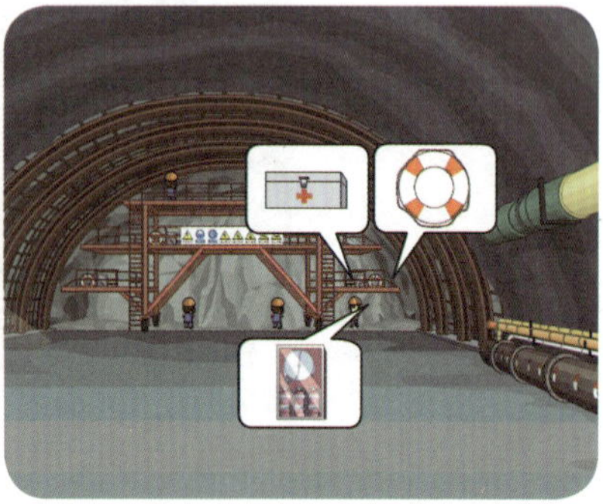

掌子面附近设救生衣（圈）、应急箱、灭火器等

送风系统风管直径和功率符合设计要求，应保证每人每分钟供给新鲜空气1.5~3m^3。隧道内空气成分每月应至少取样分析一次；风速、含尘量每月至少检测一次。风管无严重弯曲和破损现象；压入式风管应距离掌子面在15m之内。

送风系统风管直径和功率符合设计要求

保证每人每分钟供给新鲜空气1.5~3m^3

隧道内空气成分每月应至少取样分析一次

风速、含尘量每月至少检测一次

风管无严重弯曲和破损现象

压入式风管距离掌子面在15m之内